Was Bibel und Koran erzählen

Ein Lesebuch für das interreligiöse Lernen

Erarbeitet von Kristina Augst, Anke Kaloudis, Birgitt Neukirch und Esma Öger-Tunc

Bibel und Koran erzählen von Jesus/Isa

Der Koran und die Hadithe erzählen von Muhammad

Vowort

Liebe Schülerinnen und Schüler!

Ihr haltet ein besonderes Lesebuch in der Hand. Darin findet ihr Geschichten aus der Bibel, dem Koran und den Hadithen. Die Hadithe sind Sprüche von Muhammad.

In diesen Geschichten erfahrt ihr etwas über:

- Gott/Allah*
- den Menschen
- Jesus*/Isa*
- Mohammed*/Muhammad*
- wie Menschen ihren Glauben zeigen und leben

Es ist ein gemeinsames Lesebuch von Christinnen und Christen, Musliminnen und Muslimen! Es soll euch dabei helfen, eure eigene Religion und die jeweils andere Religion besser zu verstehen.

Das Lesebuch hat eine Einleitung und fünf Kapitel. Am Anfang von jedem Kapitel könnt ihr euch immer ein wenig über das Thema informieren.

Damit ihr die Geschichten gut verstehen könnt, sind sie in einer verständlichen Sprache geschrieben.

Schwierige Wörter sind mit einem Sternchen (*) gekennzeichnet.
Auf den Seiten 150 bis 157 werden die schwierigen Wörter erklärt.

Ihr werdet beim Lesen schnell merken, dass manche Geschichten aus der Bibel, dem Koran und den Hadithen ähnlich sind. Aber meistens unterscheiden sie sich ein wenig. So wird in der Bibel von Noah* und der Sintflut* erzählt. Am Ende der Geschichte in der Bibel schließt Gott mit den Menschen einen Bund*. Ein Zeichen für diesen Bund ist der Regenbogen am Himmel.

Im Koran gibt es diese Geschichte auch. Dort handelt sie von Nuh*.
Die Geschichte hat hier ein anderes Ende.

Es ist spannend, die Geschichten miteinander zu vergleichen! Was haben sie gemeinsam? Welche Unterschiede gibt es? Was ist das Besondere an ihnen?

Die Geschichten aus der Bibel, dem Koran und den Hadithen* sind auf den Doppelseiten einander gegenübergestellt. So habt ihr einen guten Überblick und könnt euch gut informieren.

Wir wünschen euch viel Freude beim Stöbern und Entdecken!

Was ist die Bibel? Was ist der Koran?

Die Bibel ist das heilige Buch im Christentum. In ihr sind Geschichten über Gott und Jesus Christus aufgeschrieben. Die Bibel wird auch „Gottes Wort" genannt. Der Koran ist das heilige Buch im Islam. Im Koran redet Allah zu den Menschen.

Wie ist die Bibel entstanden?

Die Bibel gibt es seit ungefähr 400 Jahren nach Christus. Davor hat es mehr als tausend Jahre gedauert, bis sie so war, wie wir sie heute kennen.

Alles begann damit, dass Menschen Erfahrungen mit Gott machten. Männer, Frauen und Kinder erlebten, wie Gott ihnen half. Sie erlebten auch, wie Gott ihnen Regeln und Gesetze gab. Diese Erfahrungen waren sehr besonders. Deshalb haben die Menschen anderen Menschen davon erzählt. Diese Geschichten wurden dann immer weitererzählt. Am Anfang konnten die allermeisten Menschen nicht schreiben und lesen.

Doch irgendwann begann man die Geschichten aufzuschreiben. Man wollte sie aufbewahren, damit sie nicht verloren gehen. Noch etwas später sammelten die Menschen die vielen einzelnen Geschichten. Sie sortierten sie und machten daraus große Bücher. Aus diesen Büchern entstand dann die Bibel. Die Bibel ist also eine Sammlung von vielen verschiedenen Büchern

Eine von den ältesten Handschriften vom Neuen Testament. Sie entstand ungefähr um das Jahr 200 nach Christus. Die Schriftzeichen sind griechisch.

Wie ist der Koran entstanden?

Der Koran ist in einem Zeitraum von 22 Jahren offenbart* worden. Die erste Offenbarung* geschah im Jahr 610 nach Christus, die letzte Offenbarung im Jahr 632 nach Christus. Das ist das Jahr, in dem Muhammad gestorben ist.

Muslime und Musliminnen glauben: Allah hat den Engel Dschibril zu Muhammad gesandt. Der Engel diktierte ihm den Koran. Die erste Offenbarung passierte im Monat Ramadan. Deswegen ist dieser Monat besonders wichtig.

Muhammad lernte die Texte auswendig. Dann erzählte er sie seinen Freunden. Die Freunde haben die Texte nach dem Tod von Muhammad aufgeschrieben. Zwischen 700 und 900 Jahren nach Christus lag der Koran als Buch vor.

Im Koran spricht Allah direkt zu den Menschen.

Das Wort „Koran" (*qur´an*) kommt aus der arabischen Sprache. Es bedeutet „das Vorgetragene" oder „das Vorzulesende". Arabisch ist die Sprache vom Koran.

Eine alte Handschrift vom Koran, zwischen 700 und 800 Jahre nach Christus entstanden. Die Schriftzeichen sind arabisch.

Wie ist die Bibel aufgebaut?

Die christliche Bibel besteht aus zwei großen Teilen. Der erste Teil wird oft Altes Testament oder Erstes Testament genannt. Dieser Teil ist auch die Heilige Schrift von den jüdischen* Menschen. Sie nennen ihre Heilige Schrift Tanach*. Das erste Testament wurde in der Sprache Hebräisch* geschrieben.

Der zweite Teil von der Bibel wird Neues Testament genannt. Menschen haben bald nach dem Tod von Jesus Geschichten von seinem Leben, seinem Sterben und von seiner Auferstehung aufgeschrieben. Diese Geschichten erzählen auch, wie die ersten christlichen Gemeinden entstanden sind. Das zweite Testament wurde in der Sprache Griechisch geschrieben.

Zusammen besteht die ganze Bibel aus 66 Büchern.

ALTES TESTAMENT

1. Mose, 2. Mose, 3. Mose, 4. Mose, 5. Mose, Josua, Richter, Rut, 1. Samuel, 2. Samuel, 1. Könige, 2. Könige, 1. Chronik, 2. Chronik, Esra, Nehemia, Ester, Hiob, Psalmen, Sprüche, Prediger, Hoheslied

Jesaja, Jeremia, Klagelieder, Hesekiel, Daniel, Hosea, Joel, Amos, Obadja, Jona, Micha, Nahum, Habakuk, Zefania, Haggai, Sacharia, Maleachi

NEUES TESTAMENT

Matthäus, Markus, Lukas, Johannes, Apostelgeschichte, Römer, 1. Korinther, 2. Korinther, Galater, Epheser, Philipper, Kolosser, 1. Thessalonicher, 2. Thessalonicher, 1. Timotheus, 2. Timotheus, Titus, Philemon, 1. Petrus, 2. Petrus, 1. Johannes, 2. Johannes, 3. Johannes, Hebräer, Jakobus, Judas, Offenbarung

Wie ist der Koran aufgebaut?

Der Koran besteht aus 114 Suren*. Jede Sure ist noch einmal in Verse unterteilt. Diese heißen Aya. Die Suren sind der Länge nach geordnet. Am Anfang stehen die langen Suren, hinten die kurzen Suren.

Im Islam wird zwischen mekkanischen und medinensischen Suren unterschieden. Die mekkanischen Suren wurden in der Stadt Mekka offenbart*. Die medinensischen Suren wurden in der Stadt Medina offenbart.

Der Koran wurde in der Sprache Arabisch* offenbart und wurde in viele Sprachen übersetzt.

DER KORAN WIRD IN 114 SUREN GEGLIEDERT
Die Namen der Suren sind arabisch.

1 Fatiha · 2 Baqara · 3 Imran · 4 Nisa · 5 Maida · 6 Anam · 7 Araf · 8 Anfal · 9 Tauba · 10 Yunus · 11 Hud · 12 Yusuf · 13 Rad · 14 Ibrahim · 15 Hidschr · 16 Nahl · 17 Isra · 18 Kahf · 19 Maryam · 20 Taha · 21 Anbiya · 22 Hadsch · 23 Muminun · 24 Nur · 25 Furqan · 26 Schuara · 27 Naml · 28 Qasas · 29 Ankabut · 30 Rum · 31 Luqman · 32 Sadschda · 33 Ahzab · 34 Saba · 35 Fatir · 36 Yasin · 37 Saffat · 38 Sad · 39 Zumar · 40 Ghafir · 41 Fussilat · 42-Schura · 43 Zuhruf · 44 Dukhan · 45 Dschasiya · 46 Ahqaf · 47 Muhammad · 48 Fath · 49 Hudschurat · 50 Qaf · 51 Dhariyat · 52 Tur · 53 Nadschm · 54 Qamar · 55 Rahman · 56 Waqia · 57 Hadid · 58 Mudschadala · 59 Haschr · 60 Mumtahina · 61 Saff · 62 Dschuma · 63 Munafiqun · 64 Taghabun · 65 Talaq · 66 Tahrim · 67 Mulk · 68 Qalam · 69 Haqqa · 70 Maaridsch · 71 Nuh · 72 Dschinn · 73 Muzzammil · 74 Muddaththir · 75 Qiyama · 76 Insan · 77 Mursalat · 78 Naba · 79 Naziat · 80 Abasa · 81 Takwir · 82 Infitar · 83 Mutaffifin · 84 Inschiqaq · 85 Burudsch · 86 Tariq · 87 Ala · 88 Ghaschiya · 89 Fadschr · 90 Balad · 91 Schams · 92 Lail · 93 Duha · 94 Inschirah · 95 Tin · 96 Alaq · 97 Qadr · 98 Bayyina · 99 Zalzala · 100 Adiyat · 101 Qaria · 102 Takathur · 103 Asr · 104 Humaza · 105 Fil · 106 Quraisch · 107 Maun · 108 Kauthar · 109 Kafirun · 110 Nasr · 111 Masad · 112 Ihlas · 113 Falaq 114 Nas

Welche Bedeutung hat die Bibel für Christinnen und Christen?

Die Bibel erzählt Erlebnisse von Menschen mit Gott. Es wird darin auch erzählt, wie Menschen leben sollen.

Daher ist die Bibel sehr wichtig. Sie wird als Gottes Wort angesehen.

In der Bibel sind ganz viele Geschichten über Jesus Christus. Jesus Christus ist für Christinnen und Christen ganz besonders wichtig. Denn in ihm ist Gott zu den Menschen gekommen.

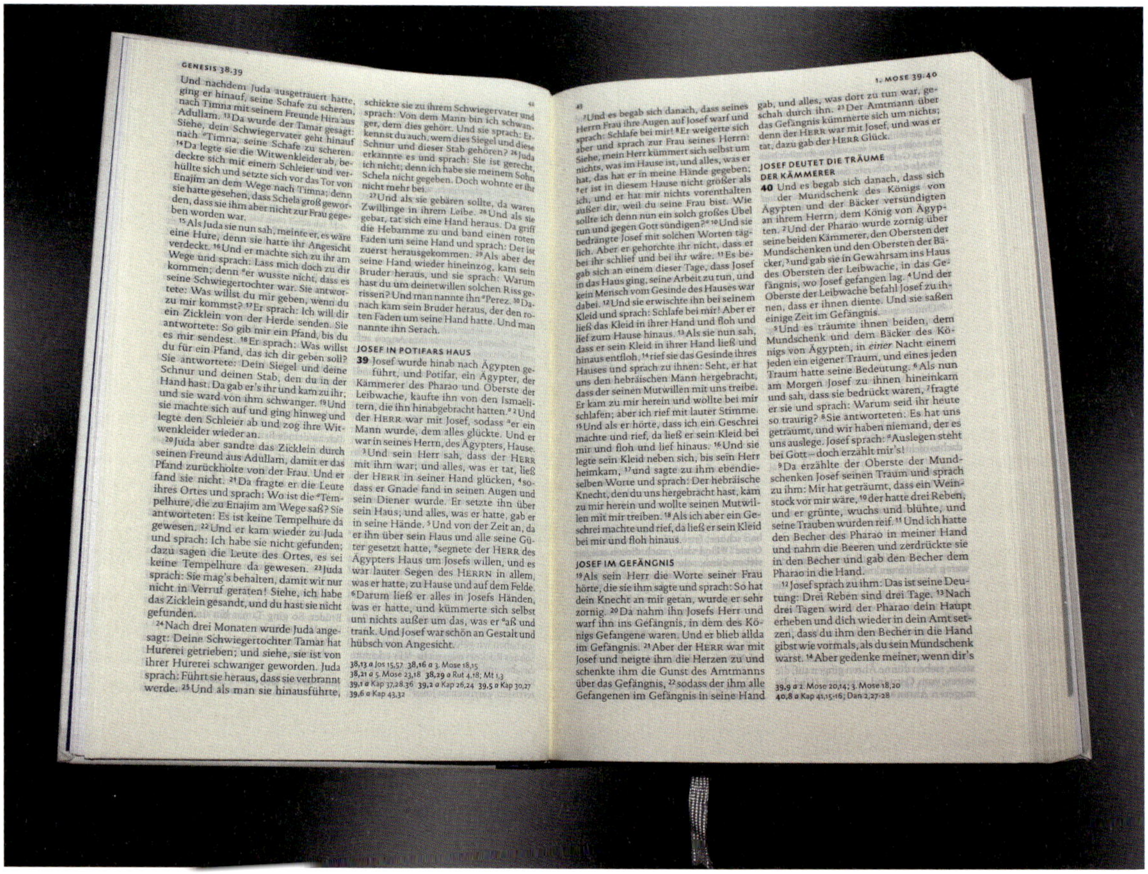

Die Lutherbibel 2017.

Welche Bedeutung hat der Koran für Musliminnen und Muslime?

Durch den Koran spricht Allah zu den Menschen. Der Koran ist das Wort von Allah. Es gilt für alle Musliminnen und Muslime. Den Koran darf man nicht verändern.

Der Prophet Muhammad ist der Überbringer der Worte von Allah. Daher ist er für Musliminnen und Muslime besonders wichtig.

Viele muslimische Gläubige lernen Teile vom Koran auswendig. Die Menschen tragen den Koran auf eine besondere Art und Weise vor. Es klingt ein bisschen wie Musik. Für die Aussprache und Betonung von den Buchstaben gibt es besondere Regeln.

Ein Koran auf einem Leseständer.

Wie verstehen Christinnen und Christen die Bibel?

In der Bibel stehen viele Geschichten. Sie handeln von Gott und den Menschen. Diese Geschichten sind sehr alt. Manche von ihnen sind fast 2000 Jahre alt, manche noch viel älter. Wie kann man diese Geschichten heute noch verstehen?

Die Geschichten in der Bibel werden erklärt. Das machen Menschen, die sich besonders gut mit der Bibel auskennen. Man nennt sie Theologinnen oder Theologen. Sie erforschen, wie die einzelnen Geschichten entstanden sind: Wer hat sie aufgeschrieben? Was ist gerade passiert, als sie aufgeschrieben wurden? Hat vielleicht jemand die Geschichten später noch verändert? Warum hat er das getan? Theologinnen und Theologen überlegen auch, welche Bedeutung diese Geschichten für uns heute haben können.

Aber nicht nur Fachleute können die Bibel verstehen. Jeder einzelne Mensch kann die Bibel lesen und überlegen, was die Geschichten bedeuten.
Beim Lesen von den Geschichten kann sich jeder fragen: Was will Gott?
Und was bedeutet das für mich?

Kinder lesen die Bibel.

Wie verstehen Musliminnen und Muslime den Koran?

Im Koran redet Allah zu den Menschen. Wenn man den Koran in der arabischen Sprache liest, ist das so, als ob man mit Allah spricht. Man nennt das auch Rezitation*. Dabei kommt man Allah ganz nah.

Der Koran ist ungefähr 1400 Jahre alt. Es gibt Menschen, die erforschen, wie der Koran entstanden ist. Man nennt sie Theologinnen und Theologen. Sie beschäftigen sich mit Glaubensfragen und erklären, was die Worte von Allah bedeuten.

Kinder lesen den Koran.

Wie gehen Christinnen und Christen mit der Bibel um?

Die Bibel ist die Heilige Schrift im Christentum. Durch sie lernt man Gott kennen. Deshalb hat sie eine besondere Bedeutung. Das erkennt man zum Beispiel daran, dass die Bibel in sehr vielen Kirchen auf dem Altar liegt. Außerdem werden im Gottesdienst die Geschichten aus der Bibel vorgelesen und erklärt.

Zu besonderen Feiern bekommt man manchmal eine Bibel geschenkt: zum Beispiel zur Taufe oder zur Hochzeit. Diese Bibel behält man dann ein ganzes Leben lang. Man kann in ihr zu Hause lesen.

Die Bibel im Gottesdienst.

Wie gehen Musliminnen und Muslime mit dem Koran um?

Der Koran ist für Muslime und Musliminnen das Wort von Allah. Deshalb hat der Koran eine ganz besondere Bedeutung. Er ist heilig*. Der Koran darf deshalb zum Beispiel nicht auf dem Fußboden liegen. Er liegt oft an einer hohen Stelle im Zimmer. Zum Lesen benutzen viele Muslime einen Koranständer. Der Koran liegt dann darauf.

Man darf den Koran nur anfassen, wenn man sich selbst auf eine besondere Weise gewaschen hat.
Man behandelt den Koran ganz besonders: Der Koran ist oft schön verziert. Es wird gut auf ihn aufgepasst. Er darf nicht einfach weggeworfen werden.

Der Koran auf einem Buchständer, einer Rahle.

Bibel und Koran erzählen von Gott/Allah

1 Wie rettet Gott/Allah Menschen und hilft ihnen?

2 Mit was kann ich Gott/Allah vergleichen?

3 Wie kann ich mit Gott/Allah sprechen?

4 Wie spricht Gott/Allah mit uns?

Was erzählen Bibel und Koran von Gott/Allah*?

Christen und Muslime glauben an „einen" Gott. Auf Deutsch heißt er Gott, auf Arabisch heißt er Allah. Arabisch ist die Sprache, in der der Koran geschrieben ist. Geschichten über Gott/Allah findest du in der Bibel und im Koran. Sie erzählen, was Menschen mit ihm erleben, was er ihnen sagt und wie er für sie da ist. Gott/Allah hilft den Menschen. Die Menschen merken: Gott/Allah ist bei uns! Wir sind nicht allein. Er beschützt uns. Wir sind sicher. Er sorgt für uns. Es geht uns gut.

Manchmal ist es aber auch ganz anders. Es geht uns schlecht. Wir fragen: Wo ist Gott? Wo ist Allah? Wird er helfen? Die Menschen denken dann: Er ist nicht da. Er kümmert sich nicht mehr um uns. Dann ist es schwer, noch daran zu glauben, dass Gott/Allah helfen wird.

1 Wie rettet Gott/Allah Menschen und hilft ihnen?

Die Geschichten in diesem Kapitel zeigen, wie sich Gott/Allah um die Menschen kümmert.

Es sind die Geschichten von Noah/Nuh*, von Josef*/Yusuf* und von Mose/Musa*. Sie sind in großer Not und merken, dass Gott/Allah sie nicht im Stich lässt. Durch diese Geschichten erfahren Menschen etwas über Gott/Allah. Sie lernen ihn kennen.*

Im Christentum ist Jesus der Retter. Gott hilft den Menschen in und durch Jesus. Gott zeigt sich in Jesus.

Im Islam zeigt sich Allah im Koran. Allah redet durch den Koran mit den Menschen. Dadurch hilft er ihnen.

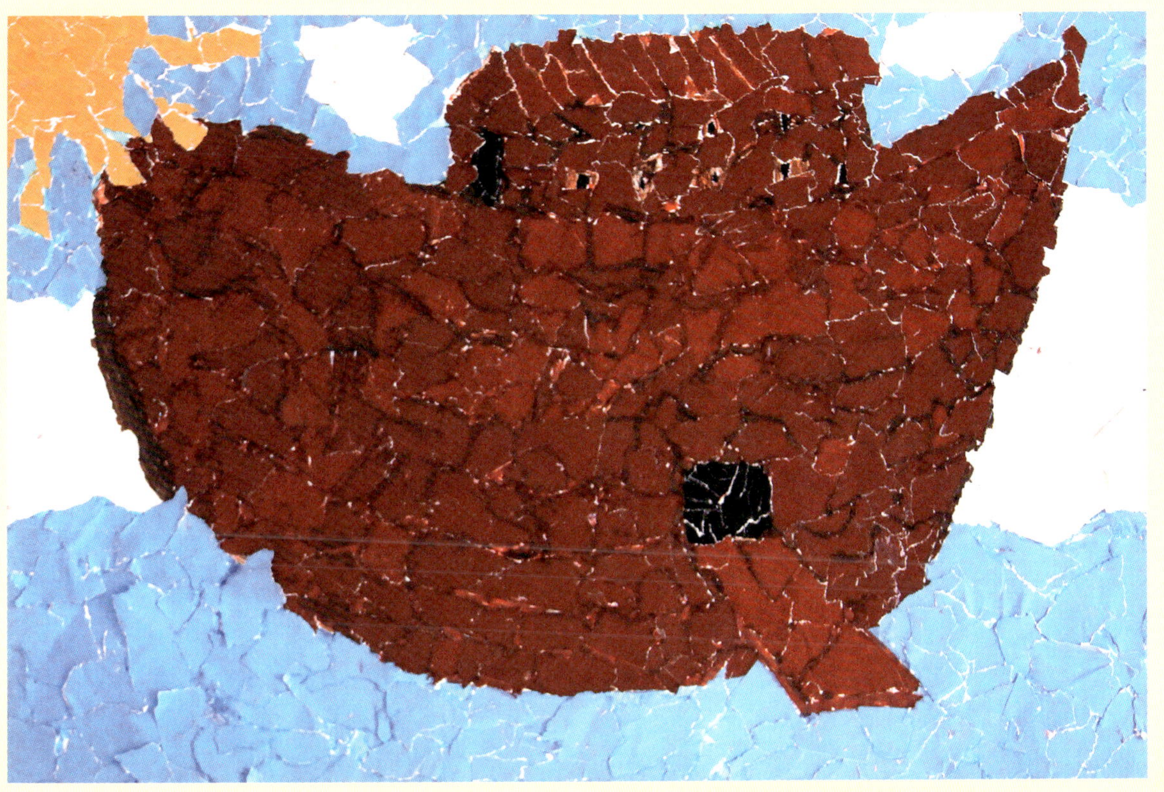

Die Geschichte von Noah* in der Bibel

(nach dem 1. Buch Mose, Kapitel 6-9)

Gott hatte den Himmel und die Erde gemacht. Danach schaute er sich alles an. Alles war gut und schön! Nur eines war schlecht: Die Menschen waren böse zueinander. Deshalb traf Gott eine Entscheidung. Es sollte Tag und Nacht regnen. Gott wollte eine große Sintflut* kommen lassen und damit alles Böse vernichten. Nur Noah* und seine Familie sollten am Leben bleiben. Denn er glaubte an Gott. Gott sagte zu ihm: „Baue eine Arche." Eine Arche ist ein großes Schiff. Noah tat, was Gott ihm gesagt hatte. Er baute ein großes Schiff. Darin war Platz für seine ganze Familie und für die Tiere auf der Erde – von jeder Tierart ein Paar, zum Beispiel ein Löwe und eine Löwin. Dann begann es zu regnen: Es regnete 40 Tage und 40 Nächte. Alles auf der Erde wurde vernichtet. Die Arche aber schwamm auf dem Wasser. Und Gott dachte an Noah, seine Familie und die Tiere. Die Sintflut sollte aufhören! Und ganz langsam sank das Wasser wieder.

Nach 40 Tagen öffnete Noah ein Fenster von der Arche. Er ließ eine Taube hinausfliegen. Denn Noah wollte sehen, ob sie einen trockenen Ort findet. Aber die Taube kam wieder zurück. Noch zweimal tat Noah dies, bis er wusste, dass die Erde trocken war. Dann sprach Gott zu Noah: „Geh aus der Arche mit deiner Familie und allen Tieren, die du mitgenommen hast!" Und Noah verließ die Arche und baute Gott einen Altar*. Er wollte Gott danken. Denn Gott hatte ihn, seine Familie und die Tiere gerettet. Und Gott versprach Noah, die Erde von nun an immer zu beschützen. Gott sagte: „Solange die Erde steht, werden immer Pflanzen wachsen, damit die Menschen und Tiere zu essen haben. Das Wetter wird kalt und warm sein und es wird immer Tag und Nacht geben." Als Zeichen für dieses Versprechen setzte Gott den Regenbogen in den Himmel. Er ist ein Zeichen für den Bund* Gottes mit den Menschen.

Die Geschichte von Nuh* im Koran

(nach Sure Hud 11: 25-49)

Allah* sagte zu Nuh*: „Gehe zu den Menschen. Sie sollen aufhören, so viel Böses zu tun." Das tat Nuh. Er warnte die Menschen: „Ihr sollt auf Allah hören und das tun, was Er sagt!" Aber die bösen Menschen machten sich lustig. Sie glaubten nicht an Allah. Sie sprachen: „Dir hören nur Leute zu, die nicht darüber nachdenken, was du sagst. Außerdem lügst du!"

Doch Nuh redete weiter zu den Menschen, damit sie aufhörten, Böses zu tun. Aber sie hörten nicht auf Nuh.

Dann baute Nuh ein Schiff. Es heißt Arche. Allah wollte es solange regnen lassen, bis die ganze Erde unter Wasser ist. Es sollte nämlich eine Sintflut* kommen. Die Arche sollte die gläubigen Menschen retten. Als die bösen Menschen vorbeikamen, lachten sie Nuh wieder aus.

Doch Nuh antwortete nur: „Wenn ihr über uns schlecht redet, dann werden wir auch über euch schlecht reden!"

Allah sagte zu Nuh, dass er gläubige Menschen und ein Paar von jeder Tierart mit auf das Schiff nehmen sollte. Auch zwei seiner Söhne wollten mitgehen. Ein anderer Sohn stand daneben. Er wollte nicht einsteigen. Die Sintflut kam. Die Wasserwellen waren hoch wie Berge.

Der Sohn von Nuh starb in der Sintflut. Nuh war sehr traurig darüber. Deshalb redete er mit Allah, und Allah antwortete ihm: „Ich weiß alles, aber du kannst die Pläne von Allah nicht verstehen."

Es hörte auf zu regnen. Dann sank das Wasser auf der Erde.

Allah hatte entschieden. Die Sintflut war vorbei!

Und Nuh stieg aus der Arche aus. Allah versprach ihm Frieden für sich und die Menschen.

Die Geschichte von Josef* in der Bibel

(nach dem 1. Buch Mose, Kapitel 37-50)

Dies ist die Geschichte von Josef*. Josef war der Sohn von Jakob. Josef hatte elf Brüder. Er wohnte mit seiner Familie in einem Land, das hieß Kanaan. Josef hatte zwei Träume: Einmal träumte er davon, dass er mit seinen Brüdern auf dem Feld war. Auf dem Feld wuchs Getreide. Die Brüder schnitten das Getreide ab und banden es zu Bündeln zusammen. Diese Bündel nennt man Garben. Die Garben der Brüder verbeugten sich vor den Garben von Josef. Es war so, als wäre Josef der König.

Dann träumte Josef von Sonne, Mond und elf Sternen. Auch diese verbeugten sich vor ihm. Damit waren die elf Brüder von Josef und seine Eltern gemeint. Die Brüder wurden neidisch auf Josef. Sie sagten zueinander: So ein Angeber!

Später passten Josef und seine Brüder auf die Tiere auf dem Feld auf. Da warfen die Brüder Josef in einen Brunnen. Nun waren sie ihn los. Aber eine Karawane* kam vorbei. Es waren Kaufleute mit ihren Kamelen. Sie waren auf dem Weg nach Ägypten.

Die Brüder holten Josef aus dem Brunnen und verkauften ihn an die Männer von der Karawane. Ihrem Vater Jakob erzählten sie, dass Josef von einem wilden Tier gefressen worden ist.

So kam Josef nach Ägypten in das Haus von einem Mann, der hieß Potifar.

Potifar beschützte den König von Ägypten, den Pharao*. Potifar mochte Josef und gab ihm viele Aufgaben in seinem Haus. Er hatte auch eine Frau. Sie verliebte sich in Josef. Als Potifar das merkte, wurde er eifersüchtig. Er ließ Josef ins Gefängnis werfen. Aber Gott half Josef. Zwei Diener vom Pharao waren auch im Gefängnis. Sie hatten Träume, die sie nicht verstanden. Josef konnte sie ihnen erklären.

Die Geschichte von Yusuf* im Koran

(nach Sure Yusuf 12: 7-101)

Yusuf* war der Sohn von Yakub. Er hatte elf Brüder. Yusuf träumte davon, dass elf Sterne, die Sonne und der Mond sich vor ihm verbeugten. Damit waren die Brüder und die Eltern gemeint. Yakub erschrak über diesen Traum. Er sagte: „O mein Sohn, erzähle von deinem Traum nicht deinen Brüdern, sonst werden sie gemein zu dir sein."

Wenig später erklärte er sogar zwei Träume vom Pharao. Der Pharao hatte Folgendes geträumt: Sieben fette Kühe werden von sieben mageren, ganz dünnen Kühen gefressen. Und sieben fette Ähren* werden von sieben mageren, verdorrten Ähren verschluckt. Josef erklärte dem Pharao, dass Gott durch die Träume spricht: Es wird sieben Jahre geben, in denen alle Menschen genug zum Essen haben. Danach wird es sieben Jahre geben, in denen nicht viel wächst und die Menschen werden nicht genug zu essen haben. Der Pharao dankte Josef. Er wusste nun, dass er in den ersten sieben Jahren Essen sammeln musste für die folgenden sieben Jahre.

Der Pharao holte Josef aus dem Gefängnis, und Josef wurde der wichtigste Mann vom Pharao in seinem Königreich. Er machte Josef zu seinem Stellvertreter.

Dann kam eine Hungersnot nach Ägypten und auch nach Kanaan, wo die Brüder von Josef und sein Vater wohnten. Josef war nun ein mächtiger Mann in Ägypten. Er verkaufte das Getreide an die Leute. Seine Brüder und sein Vater hatten großen Hunger. Deshalb reisten die Brüder nach Ägypten. Sie wollten dort Essen kaufen. Das machten sie insgesamt dreimal. Benjamin blieb bei seinem Vater. Er war der jüngste Bruder. Jakob wollte ihn nicht wie Josef verlieren.

Schon bei der ersten Reise erkannte Josef seine Brüder sofort. Sie erkannten Josef aber nicht, weil er wie ein Ägypter aussah. Sie warfen sich vor ihm auf den Boden und baten ihn um Getreide.

Josef verkaufte ihnen das Getreide. Dann bat er sie, auch den jüngsten der Brüder, Benjamin, nach Ägypten zu bringen. Denn Josef wollte seine Brüder prüfen. Sie versprachen es Josef. Benjamin sollte nach Ägypten kommen! Aber Josef vertraute seinen Brüdern noch nicht. Darum musste Simeon, der Älteste von den Brüdern, bei Josef bleiben.

Danach reisten sie wieder nach Hause, nach Kanaan. Als sie zu Hause angekommen waren, öffneten sie die Getreidesäcke. Sie erschraken!

Aber die Brüder waren neidisch auf Yusuf. Als sie eines Tages auf dem Feld waren, warfen sie ihn in einen Brunnen. Sie erzählten ihrem Vater Yakub, dass Yusuf von einem Wolf gefressen worden war.

An dem Brunnen kamen Reisende vorbei. Sie entdeckten Yusuf und nahmen ihn mit nach Ägypten. Dort wohnte er bei einem Mann und einer Frau. Allah wusste von Anfang an, was passieren würde.

Als Yusuf erwachsen war, verliebte sich die Frau in ihn. Sie erzählte Lügen über ihn. Deshalb wurde Yusuf ins Gefängnis geworfen. Dort erklärte er die Träume von zwei Männern. Und später erklärte Yusuf die Träume von dem König in Ägypten. Er hatte von sieben grünen und sieben vertrockneten Ähren* geträumt und von sieben fetten und sieben mageren Kühen. Yusuf erklärte die Träume so: Sieben Jahre lang wird es den Menschen gut gehen. Sie werden genug zum Essen haben. Dann folgen sieben Jahre mit einer Hungersnot. Der König belohnte Yusuf für seine Worte und gab ihm ein wichtiges Amt.

Dann kamen die Brüder von Yusuf nach Ägypten, weil es bei ihnen eine Hungersnot gab. Sie wollten in Ägypten Essen kaufen. Yusuf erkannte seine Brüder sofort. Sie aber dachten: „Den kennen wir nicht." Yusuf verkaufte ihnen Getreide. Er forderte sie auf: „Bringt euren Bruder, der bei Yakub geblieben ist, auch nach Ägypten." Die Brüder versprachen Yusuf, dies zu tun. Als sie wieder zu Hause waren, erzählten sie Yakub alles. Doch dieser wollte den Bruder nicht hergeben. Deshalb mussten sie Yakub versprechen, ihn wieder zurückzubringen. Yakub sagte: „Allah wacht über das, was wir gesagt haben!"

Außerdem entdeckten die Brüder, dass Yusuf ihnen das Geld für das Getreide in die Getreidesäcke gelegt hatte. Das hatte Yusuf getan, um die Brüder wieder nach Ägypten zu locken.

Als die Brüder ein weiteres Mal losgingen, nahmen sie den anderen Bruder mit. In Ägypten angekommen, begrüßte sie Yusuf. Er umarmte den

In jedem Sack lag das Geld, das sie für das Getreide bezahlt hatten. Was sollte das bedeuten? Sie waren verwirrt und überlegten. Benjamin sollte auf alle Fälle bei ihnen bleiben und nicht nach Ägypten gehen.

Als eine weitere Hungersnot ausbrach und sie kein Getreide mehr hatten, machten sich die Brüder wieder auf nach Ägypten. Benjamin war dieses Mal mit dabei. Sie nahmen Geschenke und Geld mit. Josef begrüßte sie und bereitete für sie eine Mahlzeit. Er freute sich sehr, Benjamin zu sehen. Auch dieses Mal verkaufte Josef seinen Brüdern Getreide. Und auch dieses Mal wollte Josef sie auf dem Weg nach Hause prüfen. Er legte das Geld, mit dem die Brüder bezahlt hatten, auf die Getreidesäcke. Außerdem versteckte er seinen goldenen Trinkbecher in dem Sack von Benjamin. Die Leute von Josef folgten den Brüdern, nahmen sie gefangen und brachten sie zurück zu Josef. Dieser wollte Benjamin bei sich behalten. Denn in seinem Sack war ja der Trinkbecher. Die Brüder wurden darüber sehr traurig. Sie konnten Benjamin unmöglich bei Josef lassen. Das hätte ihrem Vater Jakob das Herz gebrochen.

Josef bemerkte ihre Angst. Er konnte nun nicht mehr anders. Er erzählte, wer er war. Er umarmte seine Brüder und verzieh ihnen. Er sagte: „Habt keine Angst! Wir vertragen uns." Denn Gott hatte von Anfang an gewollt, dass Josef nach Ägypten kommt. Nur so konnte er seine Familie vor der Hungersnot retten.

Danach zogen die Brüder wieder nach Kanaan zu Jakob. Sie erzählten, was passiert war. Jakob freute sich sehr. Josef lebte! Jakob zog mit seinen Kindern und Enkeln nach Ägypten. Er wohnte dort in einer Gegend, die hieß Goschen*.

Bruder und sagte nur ihm, dass sie Geschwister sind. Bei der Heimreise war es wieder so wie beim ersten Mal. Die Leute von Yusuf hatten das Geld für das Getreide in die Säcke gelegt. Auch den Trinkbecher des Königs hatten sie in dem Sack von dem einen Bruder versteckt. Es war ein Trick von Allah. Er wollte Yusuf helfen.

Die Leute von Yusuf folgten den Brüdern. Sie nahmen den einen Bruder gefangen. Denn in seinem Sack wurde der Becher gefunden. So hatte Yusuf seinen Bruder wieder. Die anderen Brüder mussten ohne ihn nach Hause gehen.

Als Yakub davon erfuhr, war er sehr traurig. Er hatte nun zwei Söhne verloren! Er weinte. Seine Augen waren wie blind. Aber er vertraute Allah. Er wird helfen! Also schickte Yakub seine Söhne noch einmal nach Ägypten. Sie sollten Yusuf und seinen Bruder suchen. Als sie nach Ägypten kamen, trafen sie Yusuf wieder. Er sagte ihnen endlich, wer er war. Er schloss mit ihnen Frieden. Er verzieh ihnen. Denn auch Gott ist barmherzig* und verzeiht. Dann gingen die Brüder wieder nach Hause. Yusuf gab ihnen ein Hemd für seinen Vater Yakub mit. Er sollte es auf seine kranken Augen legen.

Zu Hause erzählten die Brüder die ganze Geschichte von Yusuf. Sie gaben Yakub das Hemd. Er legte es auf seine Augen. Sie wurden wieder gesund. Yakub verließ mit seiner Familie sein Land und zog nach Ägypten. Yusuf freute sich. Alle waren wieder zusammen.

Yusuf setzte seine Eltern auf den Thron. Das war ein Zeichen dafür, dass er sie lieb hatte. Aber sie verbeugten sich vor ihm. So wurde der Traum von Yusuf wahr. Allah wusste das aber alles von Anfang an. Er war die ganze Zeit bei Yusuf.

Die Geschichte von Mose* in der Bibel

(nach dem 2. Buch Mose, Kapitel 1-11 und 14-34)

Nachdem Josef und seine Brüder in Ägypten gestorben waren, wurden ihre Familien größer. Sie bekamen viele Kinder und wurden immer mehr. Man nannte alle diese Familien Israeliten*, weil Gott Jakob den Namen Israel gegeben hatte.

Der neue Pharao* von Ägypten hatte Angst davor, dass die Israeliten zu stark werden würden. Deshalb unterdrückte er sie. Sie mussten schwer und hart arbeiten. Der Pharao befahl, dass alle neugeborenen Söhne der Israeliten getötet werden sollten.

Eine Mutter überlegte sich einen Ausweg. Als sie ihren Sohn geboren hatte, legte sie ihn in ein Körbchen aus Schilf*. Sie setzte es auf den Nil. Das ist der große Fluss in Ägypten, der durch das ganze Land fließt. Die Tochter vom Pharao fand das Körbchen beim Baden. Was sollte sie tun? Sie hatte Mitleid. Die Schwester des kleinen Jungen hieß Mirjam. Sie hatte alles gesehen und lief zur Tochter von dem Pharao. Sie bot ihr an, den Jungen zu einer Frau zum Stillen* zu bringen. Diese Frau war die Mutter von dem Jungen. So konnte er in seiner eigenen Familie aufwachsen, ohne dass die Tochter vom Pharao etwas davon wusste. Als er groß war, nahm die Tochter vom Pharao ihn wieder auf. Sie nannte den Jungen Mose*.

Mose sah, wie ungerecht das Volk der Israeliten behandelt wurde. Er war ärgerlich und zornig. Er konnte die Ungerechtigkeit nicht mehr aushalten. Eines Tages tötete Mose einen ägyptischen Aufseher. Er bekam große Angst.

Die Geschichte von Musa* im Koran

(nach Sure Araf 7: 103-157; Ta-Ha 20: 9-98; Shuara 26: 10-68 und Qasas 28: 7-43)

Das ist die Geschichte von Musa* und dem Pharao*. Der Pharao war der König von Ägypten. Er war böse. Er unterdrückte die Israeliten*. Die Israeliten waren die Verwandten von Yusuf*. Der Pharao tötete die neugeborenen Jungen von den Israeliten. Deshalb befahl Allah der Mutter von Musa, ihren Sohn in einem Holzkasten im Meer auszusetzen. Das machte die Mutter sehr traurig. Aber Allah versprach, Musa zu beschützen. Denn Allah ist barmherzig*.

Die Familie vom Pharao fand Musa im Holzkasten. Sie nahmen den Jungen bei sich auf. Die Schwester von Musa hatte alles gesehen. Sie schlug vor, den Jungen zu einer Frau zu bringen. Sie sollte ihn stillen*. Die Frau war aber die Mutter von Musa. Und so kam Musa wieder zu seiner Mutter zurück. Allah hatte also sein Versprechen gehalten.

Musa wurde erwachsen. Gott schenkte ihm viel Kraft und Klugheit. Eines Tages traf er auf zwei Männer, die miteinander kämpften. Der eine Mann gehörte zu seinen Feinden. Er war ein Ägypter. Der andere Mann gehörte zu seinem Volk. Er war ein Israelit. Dieser bat Musa um Hilfe. Da erschlug Musa den Ägypter. Er war ja auch ein Feind von Allah! Allah verzieh Musa diese Tat. Trotzdem hatte Musa große Angst und Furcht. Deshalb floh er nach Midian*. Als er dort an einen Brunnen kam, half er zwei Frauen dabei, ihren Schafen etwas zum Trinken zu geben. Eine von den Frauen heiratete Musa.

Nach vielen Jahren zog Musa mit seiner Familie von Midian fort. Auf dem Weg sah er plötzlich ein Feuer. Er ging zu dem Feuer hin und hörte aus einem Baum die Stimme von Allah. Allah forderte Musa auf, seinen Hirtenstab auf die Erde zu werfen. Der Stab verwandelte sich in eine Schlange und wieder zurück in einen Stab. Durch dieses Wunder wollte Allah Musa

Er floh nach Midian*. Dort wurde er ein Schafhirte. Er heiratete Zippora. Sie war die Tochter von dem Priester aus Midian.

Mose hütete die Schafe. Dabei kam er an den Berg Horeb*. Er sah einen Busch brennen. Aber der Busch verbrannte nicht.

Plötzlich hörte er die Stimme von Gott aus dem Busch. Gott befahl Mose: „Führe dein Volk aus Ägypten und befreie es von der Herrschaft vom Pharao." Aber Mose zögerte. Was war das für ein Gott? Wie war sein Name? Was sollte er seinem Volk sagen? Gott sprach zu Mose: „Mein Name ist Jahwe. Das bedeutet: Ich werde sein, der ich sein werde. Das ist mein Name." Mose zweifelte immer noch. Wie sollte er das schaffen? Ein ganzes Volk aus der Hand von dem mächtigen Pharao befreien? Da befahl Gott dem Mose: „Wirf deinen Hirtenstab auf die Erde." Der Stab verwandelte sich in eine Schlange und wieder zurück zu einem Stab. Da wusste Mose, dass es wirklich Gott war, der zu ihm geredet hatte. Zusammen mit seinem Bruder Aaron* ging er zum Pharao. Der Pharao sollte die Israeliten endlich gehen lassen.

Aber der Pharao weigerte sich. So schickte Gott zehn Plagen*: Wasser verwandelte sich in Blut. Frösche verwüsteten das Land. Stechmücken fielen über die Menschen her. Tiere wurden krank. Die Menschen bekamen schlimme Geschwüre. Ein schwerer Hagelsturm machte die Häuser, Bäume und Sträucher kaputt. Ein wilder Sturm fegte über das Land. Heuschrecken fraßen alle Pflanzen. Es wurde ganz dunkel. Der Pharao aber blieb stur. Er ließ die Israeliten nicht gehen. Da schickte Gott die zehnte Plage: Alle ältesten Söhne der Ägypter starben in einer einzigen Nacht. Nur die Söhne der Israeliten blieben am Leben. Warum? Sie hatten ein Lamm geschlachtet und sein Blut an den Türrahmen gestrichen. Das war ein Zeichen, dass die Kinder in diesem Haus verschont werden sollten.

Dann befahl Gott den Israeliten: „Macht euch fertig für die Reise!" Sie sollten ungesäuertes* Brot backen, bittere Kräuter sammeln und ein Essen zubereiten. Alles musste schnell gehen. Deshalb wurde das Brot nur aus zeigen, dass er mächtig ist und Musa begleiten wird. Denn Allah befahl Musa, zum Pharao zu gehen. Er sollte die Israeliten aus Ägypten weggehen lassen. Als Hilfe ging Harun* mit. Das war der Bruder von Musa.

Der Pharao aber war immer noch böse. Deshalb schickte Allah Zeichen: eine Wasserflut, Heuschrecken, Läuse, Frösche und Blut. Aber der Pharao blieb trotzdem hart und ließ die Israeliten nicht frei. Dann befahl Allah Musa, das Volk durch das Meer zu führen. Musa teilte das Meer. Als der Pharao und seine Soldaten ihnen folgten, kamen sie im Meer um. Die Israeliten aber wurden mit der Hilfe von Allah gerettet.

Wasser und Mehl gebacken. Noch heute erinnert man sich im Judentum an diese Nacht und diese Mahlzeit. Sie heißt Passamahl. Dann gingen die Israeliten los. Gott beschützte sie und half ihnen. Am Tag zeigte er ihnen den Weg durch eine große Wolke und in der Nacht durch ein Feuer.

Endlich kamen sie an ein großes Meer. Die Ägypter waren ihnen aber gefolgt. Was nun? Es gab keinen Ausweg! Vor ihnen war das Meer, hinter ihnen die Ägypter. Da zerteilte Mose mit seinem Stab das Meer. Das Wasser stand rechts und links wie eine Mauer. Alle Israeliten konnten nun sicher zwischen den Wassermauern durchlaufen. Danach kam das Wasser wieder zurück und die Ägypter starben in den Wellen.

Die Israeliten mussten nun einen langen Weg durch die Wüste gehen. Gott half ihnen, indem er ihnen Essen gab: Er gab ihnen süße Körner. Die heißen Manna*. Und er gab ihnen Wachteln*. Das sind Vögel.

Aber nicht nur das: Gott gab ihnen für das Zusammenleben in Frieden auch Gebote* und Regeln. Dazu stieg Mose auf einen Berg, der heißt Sinai*. Dort blieb er 40 Tage und Nächte. Gott redete mit Mose. Er übergab die zehn Gebote auf zwei Steintafeln. Damit wollte Gott einen Bund* zwischen sich und seinem Volk schließen. Das bedeutet: Die Israeliten sollten Gott vertrauen und seine Regeln beachten. Dann würde er sie dafür beschützen und in ein neues Land führen, wo sie wohnen können.

Als Mose wieder zurück zu den Israeliten kam, erschrak er. Was hatten sie gemacht? Sie beteten ein goldenes Kalb an. Das hatten sie aus ihrem Schmuck hergestellt. Mose war lange fort gewesen. Sie dachten, dass Mose tot ist. Das goldene Kalb sollte der neue Gott werden! Mose wurde sehr zornig darüber. Er zerbrach die Steintafeln. Später ging er noch einmal auf den Berg Sinai. Gott gab ihm ein zweites Mal die zehn Gebote auf den Steintafeln. Und Gott versprach, seinen Bund* einzuhalten.

Nun gingen die Israeliten einen weiten Weg durch die Wüste bis zu dem Berg Sinai*. Musa stieg zu Allah auf den Berg Sinai hinauf. Dort blieb er 40 Tage und Nächte. Am Ende dieser Zeit bekam er von Allah die zehn Gebote* auf Steintafeln. Damit wollte Allah den Menschen Regeln geben. Er befahl Musa, sich daran zu halten und die Gebote zu befolgen.

Während Musa auf dem Berg war, machten sich die Israeliten ein Kalb aus Gold. Es blökte wie ein Schaf. Sie wollten es anbeten, weil sie Allah nicht mehr vertrauten. Als Musa von dem Berg zurückkam, wurde er sehr zornig. Er warf die Steintafeln mit den zehn Geboten auf den Boden. Als sich der Zorn von Musa gelegt hatte, nahm er die Tafeln wieder. Sie sind eine Rechtleitung* für die Menschen. Sie erklären, wie Menschen friedlich zusammenleben können. Denn Allah ist barmherzig*.

Gott hilft durch Jesus Christus*

(nach dem Johannesevangelium, Kapitel 6,35; Kapitel 8,12; Kapitel 10,9.14; Kapitel 11,25.26; Kapitel 14,6 und Kapitel 15,5)

Jesus erzählt den Menschen von Gott. Er sagt: „Gott liebt die Menschen." Er zeigt den Menschen, wie Gott sie liebt. Damit hilft Jesus ihnen. Christen und Christinnen glauben, dass Jesus der Sohn Gottes ist. Sie glauben, dass Gott durch Jesus die Welt rettet und den Menschen hilft.

Jesus sagt:

Ich bin das Brot des Lebens. Wer zu mir kommt, wird keinen Hunger mehr haben. Wer an mich glaubt, wird keinen Durst mehr haben.

Ich bin das Licht der Welt. Wer mir folgt, wird immer im Licht sein.

Ich bin die Tür. Wer durch mich geht, wird glücklich werden.

Ich bin der gute Hirte. Ich passe auf meine Schafe auf. Ich setze mich für sie ein.

Ich bin die Auferstehung* und das Leben. Wer an mich glaubt, lebt ewig.

Ich bin der Weg und die Wahrheit und das Leben. Niemand kommt zu Gott ohne mich.

➡ Weitere Geschichten über Jesus findest du im Kapitel „Jesus".

Der Koran erinnert an Allah und hilft

(nach Sure Ta-Ha 20: 2–8)

Allah hat den Koran nicht herabgeschickt, um dich unglücklich zu machen. Der Koran ist als Erinnerung für die Menschen da, die an Allah glauben.

Die Offenbarung* ist von Allah. Er hat die Erde und den Himmel erschaffen. Allah ist der Allerbarmer. Er herrscht über sein Reich.

Allah gehört alles, was im Himmel und was auf der Erde ist. Ihm gehört auch alles zwischen Himmel und Erde und was in der Erde ist.

Und Allah weiß über alles Bescheid, auch wenn du leise sprichst oder versuchst, etwas zu verheimlichen.

Es gibt keinen Allah außer Ihm. Er hat die schönsten Namen.

2 Mit was kann ich Gott/Allah vergleichen?

Menschen versuchen zu sagen, wie Gott/Allah ist. Für Bibel und Koran gilt: Gott/Allah ist größer, als die Menschen denken. Sie werden ihn nie ganz beschreiben können. Gott/Allah ist so etwas wie ein Geheimnis, das man nie ganz lösen kann. Trotzdem machen sich Menschen ein Bild von ihm. Sie stellen sich vor, wie er sein könnte: zum Beispiel ein guter Hirte oder ein helles Licht. Damit wollen sie sagen, dass Gott/Allah die Menschen beschützt, so wie ein Hirte die Schafe beschützt. Oder dass Gott das Leben hell macht, so wie eine Lampe ein Zimmer erleuchtet, wenn es dunkel ist.

In der Bibel findest du viele „Bilder". Sie zeigen, wie Gott ist. Manche „Bilder" sprechen von Gott als männlich. Manche „Bilder" sprechen von Gott als weiblich. Und manche „Bilder" vergleichen Gott mit einem Ding aus der Natur, wie zum Beispiel das Licht.

Im Koran findest du Eigenschaften, wie Allah ist. Dort lernst du die schönen Namen von Allah kennen.

Die vielen Bilder von Gott in der Bibel

Gott als das Licht

(nach Psalm 27)

Gott ist für mich wie ein Licht. Ich habe keine Angst.
Gott ist für mich eine große Kraft. Ich fürchte mich nicht.
Wenn mir andere Menschen Böses tun wollen,
fürchtet sich mein Herz nicht.
Deshalb bitte ich Gott, dass ich bei ihm bleiben darf.
Denn Gott macht mich stark! Er gibt mir Mut.
Ich will Gott dafür danken.
Ich will Gott bitten: Bleibe bei mir. Lass' mich nicht allein.
Alle anderen verlassen mich. Gott wird bleiben. Darauf vertraue ich.

Das muslimische Glaubensbekenntnis in schöner Schrift geschrieben.

Namen und Eigenschaften von Allah im Koran

Allah als das Licht

(nach Sure Nur 24: 35)

Allah spricht: „Allah ist wie das Licht im Himmel und auf der Erde. Er ist wie eine Lampe in einem Glas. Das Glas ist wie ein funkelnder Stern. Das Licht von der Lampe brennt durch ein Öl. Das Öl leuchtet schon, bevor es angezündet ist. So ist Allah: Licht über Licht. Er führt die Menschen zu seinem Licht, wie er will."

Gott als der gute Hirte

(nach Psalm 23)

Gott ist für mich wie ein Hirte. Mir wird nichts fehlen.
Grüne Wiesen und Wasserquellen umgeben mich.
Gott gibt mir zu essen. Er passt auf mich auf.
Wenn es um mich herum dunkel wird, habe ich keine Angst.
Denn du, Gott, bist bei mir.
Du beschützt mich. Feinde können mir nichts tun.
Mein Leben wird gut sein. Du schaust mich lieb an.
Bei dir will ich für immer bleiben.

Das Gleichnis* vom verlorenen Schaf

(nach dem Lukasevangelium, Kapitel 15,1-7)

Viele Menschen kamen zu Jesus. Unter diesen Frauen und Männern waren auch Sünder*. Das sind Menschen, die sich nicht an die Gebote* von Gott halten. Das ärgerte einige Menschen, die besonders an Gott glaubten und alles so machten, wie es in den zehn Geboten und in der Bibel steht.
Sie schimpften und sagten: „Was gibst du dich mit den Betrügern und Sündern ab?" Jesus antwortete ihnen mit einem Gleichnis*: „Wenn jemand hundert Schafe hat und eines davon verliert, dann lässt er die neunundneunzig allein und sucht das eine Schaf, bis er es findet.
Und wenn er es findet, freut er sich und sagt es allen. Genauso groß ist die Freude für Gott, wenn ein Sünder sein Leben ändert und sich an die Gebote von Gott hält. Die Freude ist über den einen größer als über die neunundneunzig Menschen, die meinen, dass sie gut sind und die Gebote einhalten."

Allah hat viele Namen

(nach Sure Haschr 59: 22-24)

Allah sagt: „Allah ist der eine und einzige Gott. Er kennt das, was Menschen nicht sehen können. Er durchschaut und versteht alles, was Menschen sehen können.

Er ist der Allerbarmende und Barmherzige*. Er ist, der zu den Menschen herzlich ist und sie versteht.

Er ist der Einzige: der König, der Heilige*, der Friede, der Sicherheit gibt, der Mächtige, der Gewaltige und Stolze. Er ist größer als das, was Menschen über ihn denken.

Er ist Allah, der Schöpfer, der Erschaffende und Gestaltende. Er hat die schönsten Namen. Er ist der Mächtige und Weise*. Alles, was auf der Erde und im Himmel ist, lobt Allah."

Das Bilderverbot

(nach dem 2. Buch Mose, Kapitel 3,14 und Kapitel 20,4)

Mose* soll die Israeliten* in das Land Kanaan führen. Gott beauftragt ihn dazu. Aber Mose will wissen, wer Gott eigentlich ist. Er fragt ihn.

Gott antwortet ihm: „Mein Name ist JHWH*." Das bedeutet auf Deutsch: „Ich werde sein, der ich sein werde."

Mose hat von Gott Tafeln bekommen. Darauf steht, wie sich die Menschen verhalten sollen. Es sind die zehn Gebote*. Ein Gebot davon lautet:

„Du sollst dir kein Bild von Gott machen."

Allah lässt sich mit nichts vergleichen

(nach Sure Nahl 16: 74)

Allah sagt: „Vergleicht Allah nicht mit anderen Sachen. Nur Allah allein weiß über sich Bescheid."

Allah hat nicht gezeugt

(nach Sure Ikhlas 112: 1-4)

Allah sagt: „Allah ist einer und einzig! Er ist ewig. Er hat nicht gezeugt. Und er ist auch nicht gezeugt worden. Ihn kann man mit niemandem vergleichen."

3 Wie kann ich mit Gott/Allah sprechen?

Wenn Menschen mit Gott/Allah sprechen, dann beten sie. Zum Beispiel: Gott/Allah hat ihnen geholfen, als es ihnen schlecht ging. Dann danken und loben sie ihn. Oder: Es geht ihnen nicht gut, sie sind in Gefahr. Dann bitten sie Gott/Allah um Hilfe.

Die Bibel hat zwei Teile. Das Alte und das Neue Testament. Im Alten Testament der Bibel heißen diese Gebete Psalmen*. Es sind Gebete, die man singen kann. Es gibt 150 Psalmen. Im Neuen Testament findest du ein ganz wichtiges Gebet. Es stammt von Jesus. Es ist das Vaterunser. Gott wird in diesem Gebet als Vater bezeichnet. So wie Kinder mit ihrem Vater oder ihrer Mutter reden, so sollen die Menschen mit Gott reden.*

Für den Islam ist ganz wichtig: Wenn ich im Koran lese, dann rede ich mit Allah. Es ist egal, welchen Abschnitt im Koran ich lese. Im Islam gibt es auch Gebete so wie im Christentum. Ein wichtiges Gebet im Islam ist die Sure Fatiha. Allah wird darin gelobt. Gläubige versprechen, Allah zu dienen. Sie bitten darum, dass Allah sie durch das Leben führt.*

Gebete in der Bibel

Dankespsalm

(nach Psalm 30)

Ich will dir Danke sagen, guter Gott. Du hast mir geholfen.
Als es mir schlecht ging, warst du da.
Deshalb sollen alle mit mir Gott loben.
Nur ganz kurz ist er mal wütend auf mich,
aber dann ist seine unendlich große Liebe wieder da.
Wenn ich abends weine,
dann bin ich morgens trotzdem wieder fröhlich.
Du, Gott, hast das gemacht, dass ich wieder lachen kann.
Dafür will ich dir Danke sagen, guter Gott.

Gebete im Koran

Gebet um Hilfe

(nach Sure Nasr 110)

Allah sagt: „Wenn die Hilfe von Allah kommt und du siehst, dass die Menschen an Ihn glauben, dann lobe deinen Herrn. Bitte Ihn auch um Vergebung*. Allah ist wirklich derjenige, der zu dir hält."

Klagepsalm

(nach Psalm 6)

Ach Gott, sei nicht böse auf mich.
Ich bin so erschrocken und habe Angst.
Bitte, lass mich deine Liebe spüren. Du bist doch die Liebe.
Manche Menschen meinen es nicht gut mit mir.
Diese Menschen sollen verschwinden!
Denn Gott hört mein Gebet*. Er hält zu mir.

Vaterunser

(Matthäusevangelium, Kapitel 6,9-13)

Vater unser im Himmel. Geheiligt werde dein Name.
Dein Reich* komme.
Dein Wille geschehe, wie im Himmel, so auf Erden.
Unser tägliches Brot gib uns heute.
Und vergib uns unsere Schuld,
wie auch wir vergeben unsern Schuldigern.
Und führe uns nicht in Versuchung,
sondern erlöse uns von dem Bösen.
Denn dein ist das Reich und die Kraft
und die Herrlichkeit in Ewigkeit.
Amen.

Eröffnungssure

(nach Sure Fatiha 1)

Alles Lob gehört Gott, dem Herrn der Welten, dem All-Erbarmer, dem Barmherzigen*, dem Herrscher am Tage des Gerichts, wo er über Böse und Gute entscheidet.

Dir allein dienen wir, und Dich allein bitten wir um Hilfe. Führe uns den geraden Weg. Es ist der Weg von denen, denen Du Gnade* gezeigt hast. Es ist nicht der Weg von denen, die Deinen Zorn erregt haben. Und es ist nicht der Weg von den Menschen, die einen falschen Weg gehen.

4 Wie spricht Gott/Allah mit uns?

Gott/Allah spricht mit uns im Islam und im Christentum manchmal ganz ähnlich und manchmal ganz unterschiedlich.

Muslime und Musliminnen glauben: Allah redet an allererster Stelle durch den Koran mit den Menschen. Der Koran ist heilig. Wenn Menschen in ihm lesen, merken sie, was Allah möchte. Im Koran begegnet ihnen Allah.*

Christen und Christinnen glauben: Gott spricht durch Jesus mit den Menschen. Die Menschen sehen an Jesus, wie Gott ist. Durch Jesus erkennen sie, was Gott will. In Jesus begegnet ihnen Gott.

Es gibt in beiden Religionen aber auch Propheten. Das sind Menschen, durch die Gott/Allah mit den Menschen spricht. Sie reden im Namen von Gott/Allah. Propheten sind Menschen, die von Gott/Allah Nachrichten bringen und zeigen, was er will. Es gibt viele Propheten im Islam und im Christentum.*

Für Muslime und Musliminnen ist Jesus ein Prophet*. Für Christen und Christinnen ist Jesus der Sohn Gottes.
Muhammad* ist für Muslime und Musliminnen der letzte Prophet. Er hat später gelebt als Jesus. Mehr über die beiden erfährst du in den Kapiteln über Jesus (S. 96-119) und Muhammad (S. 120-135).

In beiden Religionen gibt es den Propheten Jona*/Yunus*. Auf den nächsten Seiten lernst du seine Geschichte kennen.

Gott/Allah spricht auch durch Engel* zu den Menschen. Dazu findest du im ganzen Buch Beispiele.

Der Prophet Jona* in der Bibel

(nach „Der Prophet Jona")

Jona* war ein Prophet* von Gott. Gott gab ihm einen Auftrag: Jona sollte in die Stadt Ninive gehen. Die Menschen in Ninive taten viele schlimme Dinge. Jona sollte sie warnen und sie dazu bringen, Gutes zu tun. Aber er fürchtete sich vor diesem Auftrag. Deshalb wollte er weit weg in die Stadt Tarsis fliehen. Er stieg auf ein Schiff. Während der Fahrt über das Meer kam ein großer Sturm auf. Die Matrosen, die auf dem Schiff arbeiteten, bekamen Angst. Sie beteten zu Gott und wollten durch ein Los herausfinden, wer schuld an diesem Sturm war. Das Los fiel auf Jona. Deshalb warfen sie Jona ins Meer. Vielleicht würde sich so das Meer beruhigen!

Da schickte Gott einen großen Fisch. Der verschlang Jona. Doch Jona passierte nichts. Drei Tage und drei Nächte verbrachte er im Bauch von dem Fisch. Jona begann zu Gott zu beten. Er dankte ihm. Denn er lebte. Selbst der Sturm und das Meer hatten ihn nicht getötet. Dann redete Gott mit dem Fisch. Er befahl ihm, Jona am Land auszuspucken.

Gott gab Jona nun ein zweites Mal den Auftrag. Er sollte nach Ninive gehen. Er sollte die Menschen warnen und ihnen eine Strafe von Gott androhen. Denn die Menschen in Ninive sollten aufhören, böse Dinge zu tun.

Der Prophet Yunus* im Koran

(nach Sure Saffat 37: 139-148)

Yunus* war ein Prophet* in Israel. Er wurde von Allah zu den Leuten einer großen Stadt geschickt. Sie hatten alle die Gebote* von Allah vergessen. Sie taten viele verbotene und böse Dinge. Aber Yunus hörte nicht auf Allah. Er floh auf ein Schiff.

Als das Schiff auf hoher See war, wurde er ins Meer geworfen. Da kam ein riesiger Fisch angeschwommen. Er schluckte Yunus ganz hinunter. Er landete im großen Fischbauch, ohne sich verletzt zu haben.

Yunus begann tief im dunklen Fischbauch nachzudenken. Er fühlte sich allein. Er hatte Angst. In seinem Unglück fing er von ganzem Herzen an zu beten: „O Allah! Du bist einzig. Dich allein lobe und preise ich. Ich habe falsch gehandelt. Wenn Du mir nicht hilfst, bin ich verloren!"

Da hörte Allah sein Gebet*, so wie er das Gebet von allen Menschen hört, die fest an ihn glauben. Und Allah machte, dass Yunus aus dem Bauch von dem Fisch wieder herauskam. Er wurde vom Meerwasser an eine Küste gespült. Dort lag er nun krank und schwach und ganz elend. Deshalb ließ Allah einen Baum über ihm wachsen. Und der Baum gab durch seine Blätter kühlen Schatten. Es wuchsen herrliche Früchte auf diesem Baum. Da wurde Yunus wieder gesund und stark.

Und Allah schickte Yunus wieder in die Stadt. Die Menschen hörten nun auf ihn, als er zu ihnen sagte: „Ihr sollt nur an Allah glauben, zu Ihm beten und stets das Gute tun."

Diesmal gehorchte Jona Gott. Er ging nach Ninive. Dort sagte er zu den Menschen: „Nur noch 40 Tage sind es. Dann ist Ninive verloren!" Die Menschen in Ninive erschraken. Sie dachten nach. Sie wollten ihr Leben ändern. Sie wollten bessere Menschen werden. Das fand Gott gut, und er bestrafte sie nicht.

„Warum tut das Gott jetzt?", fragte sich Jona. Er ärgerte sich. „Erst will er sie bestrafen und dann überlegt er es sich anders."

Jona verließ die Stadt Ninive und baute sich am Stadtrand eine Hütte. Von hier aus wollte er beobachten, was mit Ninive passiert. Gott ließ eine Pflanze um die Hütte wachsen, damit Jona im Schatten sitzen konnte. Jona freute sich. Aber schon bald verlor die Pflanze alle ihre Blätter. Jona hatte keinen Schutz mehr vor der Sonne. Es war furchtbar heiß.

Dann schimpfte Gott mit Jona. Er sagte zu ihm: „Du bist traurig, dass die Pflanze ihre Blätter verloren hat und tot ist. Kannst du dir vorstellen, wie traurig ich gewesen wäre, wenn ich alle Menschen in Ninive mit dem Tod bestraft hätte?"

Die Engel* in der Bibel

Schutzengel

(nach Psalm 91,9-12)

Gott ist meine Hilfe und meine Rettung.
Mir wird nichts Schlimmes passieren.
Gott hat seinen Engeln befohlen:
Sie sollen dich behüten – auf allen deinen Wegen!
Sie sollen dich auf ihren Händen tragen!
Du sollst deinen Fuß nicht an einem spitzen Stein stoßen.

➡ Die Geburt von Jesus/Isa wird in der Bibel durch einen Engel angekündigt. Du erfährst im Kapitel über Jesus/Isa etwas darüber.

Die Engel* im Koran

➡ Der Engel Dschibril* gab Muhammad den Auftrag, das Wort von Gott weiterzuerzählen. Darüber findest du etwas in dem Kapitel über Muhammad.

➡ Die Geburt von Jesus/Isa wird im Koran durch einen Engel angekündigt. Du erfährst im Kapitel über Jesus/Isa* etwas darüber.

Bibel und Koran erzählen vom Menschen

Was erzählen Bibel und Koran über den Menschen?

1 Wie hat Gott/Allah den Menschen geschaffen?

2 Wie vertrauen Menschen Gott/Allah?

3 Was erzählen Bibel und Koran über Schwierigkeiten und Konflikte zwischen den Menschen?

4 Welche Regeln und Gebote hat Gott/Allah den Menschen gegeben?

5 Wie nimmt Gott/Allah die Menschen an?

6 Wie gehen Menschen mit Tod und Trauer um?

Was erzählen Bibel und Koran über den Menschen?

Menschen fragen sich schon seit vielen tausend Jahren: Wer ist der Mensch eigentlich? Wie soll er sich verhalten? Was kann ihm helfen, wenn es schwierig wird? Was kann ihm helfen, wenn er sich mit anderen streitet? Wer hat ihn lieb, wenn er alleine ist? Was tröstet ihn, wenn er traurig ist? Auf wen kann er sich verlassen?

Die Geschichten in der Bibel und dem Koran versuchen Antworten auf diese Fragen zu geben. Sie zeigen: Menschen, die an Gott/Allah glauben, finden solche Antworten. Diese Antworten helfen ihnen, ihr Leben besser zu leben. Dabei gibt es zwischen den Religionen Unterschiede, wie die Menschen von Gott/Allah denken und welche Hilfe er ihnen gibt.

1 Wie hat Gott/Allah den Menschen geschaffen?

In der Bibel gibt es gleich am Anfang zwei Geschichten. Beide erzählen, wie Gott die Welt geschaffen hat. Das nennt man Schöpfung. Und es wird erzählt, welche Aufgabe der Mensch auf der Erde hat. Die erste Geschichte erzählt, wie Gott die Welt innerhalb einer Woche geschaffen hat. Die zweite Geschichte erzählt vom Garten Eden*. Dort lebten die ersten Menschen Adam* und Eva*. Auch viele von den 150 Psalmen* (Liedern) erzählen, wie wunderbar Gott die Welt geschaffen hat.*

Der Koran erzählt besonders davon, wie die Beziehung vom Menschen zu Allah ist. Allah gibt dem Menschen eine ganz besondere Aufgabe und Verantwortung. Der Mensch soll aufpassen, dass der Erde nichts passiert. Im Koran heißt der Mensch daher auch: Verwalter von Allah auf der Erde (Sure Baqara 2: 30).*

Die erste Geschichte von der Schöpfung* in der Bibel

(nach dem 1. Buch Mose, Kapitel 1-2)

Am Anfang hat Gott Himmel und Erde geschaffen. Die Erde war durcheinander und leer. Es war überall Wasser auf der Erde, und es war dunkel.

Am ersten Tag sagte Gott: „Es soll Licht sein." Und da war das Licht da. Und Gott fand das Licht gut. Das Licht nannte er Tag. Die Dunkelheit nannte er Nacht.

Am zweiten Tag sagte Gott: „Über dem Wasser und über der Erde soll ein Himmel sein." Und so passierte es.

Am dritten Tag sagte Gott: „Das Wasser soll zusammenfließen und Land soll zu sehen sein." Das trockene Land nannte Gott Erde. Das Wasser nannte er Meer. Und Gott sagte: „Pflanzen sollen wachsen." Und so passierte es. Gott fand es gut so.

Am vierten Tag sagte Gott: „Lichter sollen am Himmel sein. Sie sollen Licht für die Erde sein. Die Sonne scheint am Tag und die Sterne und der Mond in der Nacht." Und so passierte es. Gott fand es gut so.

Am fünften Tag sagte Gott: „Es soll Tiere auf der Erde geben, die fliegen können. Und es soll Tiere geben, die im Wasser schwimmen. Alle Tiere sollen sich vermehren."

Am sechsten Tag sagte Gott: „Es soll Tiere geben, die an Land leben." Und er sagte: „Ich will Menschen machen. Sie sollen mir gleich sein. Und sie sollen auf alle Tiere auf der Erde aufpassen." Und Gott machte die Menschen als Mann und als Frau. Gott segnete sie und sagte zu ihnen: „Vermehrt euch. Alles auf der Erde soll euch und allen Menschen gehören. Aber ihr gehört zu mir." Und so passierte es. Gott fand es gut so.

Am siebten Tag ruhte Gott sich aus und freute sich. Und Gott sagte: „Dieser Tag ist mein Tag. Auch die Menschen sollen sich an diesem Tag ausruhen."

Die Geschichte von der Schöpfung* im Koran

(nach Sure Fussilat 41: 9-12; Sure Muminun 23: 12-17; Sure Fatir 35: 11; Sure Anam 6: 59)

Im Koran steht: „Glaubt ihr wirklich nicht an Allah, der die Erde in zwei Tagen machte? Er allein ist der Herr von der Welt. Er hat auf der Erde Berge gemacht, die hoch hinausragen. Allah segnete sie. Er verteilte ihre Nahrung in vier Tagen. Dann wandte Allah sich zum Himmel. Der war noch voller Nebel. Allah sprach zum Himmel und zu der Erde: ‚Kommt, ihr beide, egal ob ihr wollt oder nicht.' Sie sprachen: ‚Wir kommen gern.' So machte Allah sie in zwei Tagen als sieben Himmel. Jedem Himmel gab er eine Aufgabe. Und Allah schmückte den untersten Himmel mit Leuchten, die auch zum Schutz dienen. Das ist die Schöpfung vom Erhabenen, vom Allwissenden."

☪

So spricht Allah: „Wirklich, Allah machte den Menschen aus ganz reinem* Ton. Dann setzte Allah ihn als Samentropfen an einen sicheren Platz zum Ausruhen. Dann machte Allah den Tropfen zu getrocknetem Blut. Dann machte Allah das getrocknete Blut zu einem Fleischklumpen. Dann machte Allah aus dem Fleischklumpen Knochen. Dann bekleidete Allah die Knochen mit Fleisch. Dann machte Allah es zu einer weiteren Schöpfung."

☪

Allah spricht: „Und Allah hat euch aus Erde, dann aus einem Tropfen gemacht. Dann hat Allah euch zu Paaren gemacht. Egal, ob man alt wird oder kürzer lebt, das Alter für jeden ist von Allah bestimmt."

☪

Allah sagt: „Allah hat am Anfang die Welt und die Menschen gemacht. Ihm bleibt nichts verborgen. Kein Blatt fällt zu Boden, ohne dass Allah es weiß. Er kennt jedes Körnchen und alles, was wächst."

Die zweite Geschichte von der Schöpfung* in der Bibel und die Vertreibung aus dem Paradies*

(nach dem 1. Buch Mose, Kapitel 2-3)

Als Gott Himmel und Erde machte, war keine einzige Pflanze auf der Erde. Es gab noch keine Menschen, die das Land bebauten. Ein großer Fluss kam aus der Erde und bewässerte das Land. Dann machte Gott den Menschen aus Staub von der Erde und gab ihm Leben. Und Gott legte einen Garten in Richtung Osten an. Der Name von diesem Garten war Eden. Man nennt ihn auch das Paradies*. Dort hinein setzte er den Menschen. Gott ließ Bäume wachsen. Er ließ mitten im Garten den Baum des Lebens und den Baum der Erkenntnis wachsen. Das ist der Baum, mit dem man erkennen kann, was gut und was böse ist.

Und der Mensch bekam von Gott den Auftrag, den Garten zu bebauen und zu beschützen.

Gott wollte nicht, dass der Mensch so allein war. Deshalb machte er alle Tiere. Der Mensch gab ihnen Namen, aber er konnte sich mit ihnen nicht unterhalten. Da gab ihm Gott eine Frau. Die beiden Menschen hießen Adam* und Eva*. Gott verbot ihnen, die Früchte vom Baum der Erkenntnis zu essen.

Eines Tages überredete die Schlange Eva, Früchte von diesem Baum zu nehmen. Eva sollte Gut und Böse erkennen können.

Die Schlange versprach, dass Eva und Adam davon nicht sterben, sondern so wie Gott sein werden. Sie könnten dann erkennen, was gut und was böse ist. Da haben Adam und Eva die verbotene Frucht gegessen. Als Gott in den Garten Eden* kam, fragte er sie: „Habt ihr die verbotenen Früchte vom Baum gegessen?" Und weil sie das getan hatten, bestrafte Gott sie. Gott sagte: „Eva wird viel Mühe im Leben und große Schmerzen bei der Geburt von den Kindern haben." Und zu Adam sagte Gott: „Deine Arbeit auf den Feldern wird sehr anstrengend sein." Dann schickte Gott Adam und Eva aus dem Paradies.

Die Geschichte von der Schöpfung* vom Menschen im Koran und die Vertreibung aus dem Paradies*

(nach Sure Imran 3: 59, Sure Baqara 2: 30-38)

Der erste Mensch wurde aus einem Klumpen Erde gemacht. Er wurde Adam* genannt. Allah sprach: „Lebe!" Und Adam war da.

☪

Allah sagte zu den Engeln*: „Ich will einen Verwalter* auf der Erde einsetzen". Da sagten die Engel: „Willst Du denn auf der Erde jemanden haben, der dort streitet und Blut vergießt? – Und wir loben und preisen Dich und rühmen Deine Heiligkeit*." Allah antwortete: „Ich weiß, was ihr nicht wisst."

Allah brachte dem Menschen (Adam) alle Namen bei. Dann sagte Allah alle Namen den Engeln und sagte: „Nennt mir die Namen dieser Dinge, wenn ihr wirklich Engel seid!"

Sie sprachen: „Gelobt seist Du, Allah. Wir wissen nur, was Du uns gelehrt hast. Wirklich, Du bist der Allwissende, der Weise*."

Allah sprach: „Adam, nenne den Engeln ihre Namen!" Und als Adam den Engeln ihre Namen nannte, sagte Allah: „Habe ich nicht gesagt, dass ich alles kenne, was im Himmel und auf der Erde versteckt ist. Ich weiß, was ihr offen zeigt und was ihr versteckt."

Allah sprach zu den Engeln*: „Werft euch vor Adam nieder." Da warfen sie sich nieder bis auf Iblis. Iblis weigerte sich und war zu stolz. Und damit wurde Iblis zu einem, der nicht glaubt.

Allah sagte: „Adam, bleibe mit deiner Frau im Paradies*-Garten und esst von allen Früchten, wo immer ihr wollt! Kommt aber nicht in die Nähe von diesem Baum, sonst werdet ihr zu ungläubigen Menschen." Doch der Teufel stiftete sie an, trotzdem davon zu essen.

Da sagte Allah: „Geht raus aus dem Paradies! Ihr sollt gegenseitig Feinde sein. Und ihr sollt nur eine bestimmte Zeit auf der Erde leben."

Adam hörte die Worte von Allah, und Allah verzieh ihm. Wirklich, er ist der Allverzeihende, der Barmherzige*.

Allah sagte: „Geht alle aus dem Paradies! Und wenn ihr meine Gesetze* befolgt, dann braucht ihr keine Angst zu haben und müsst nicht traurig sein."

Die Schöpfung* von Gott loben

(nach Psalm 8)

Gott, du bist der, der über uns herrscht. Wie mächtig ist dein Name auf der ganzen Erde.

Wenn ich den Himmel anschaue und den Mond und die Sterne, dann staune ich. Du hast sie alle mit deinen Händen gemacht.

Ich frage mich: Wie wichtig sind die Menschen für dich, dass du an sie denkst und dich um sie kümmerst?

Gott, du hast den Menschen fast genauso wie dich gemacht. Du hast ihn ganz besonders gemacht. Du hast ihn herrlich gemacht.

Du hast ihn zum Beschützer für deine Werke gemacht und ihm alles gegeben: Schafe und Rinder und auch die wilden Tiere, die Vögel am Himmel und die Fische im Meer und alles, was in den Meeren lebt.

Gott, du bist der, der über uns herrscht. Wie mächtig ist dein Name auf der ganzen Erde!

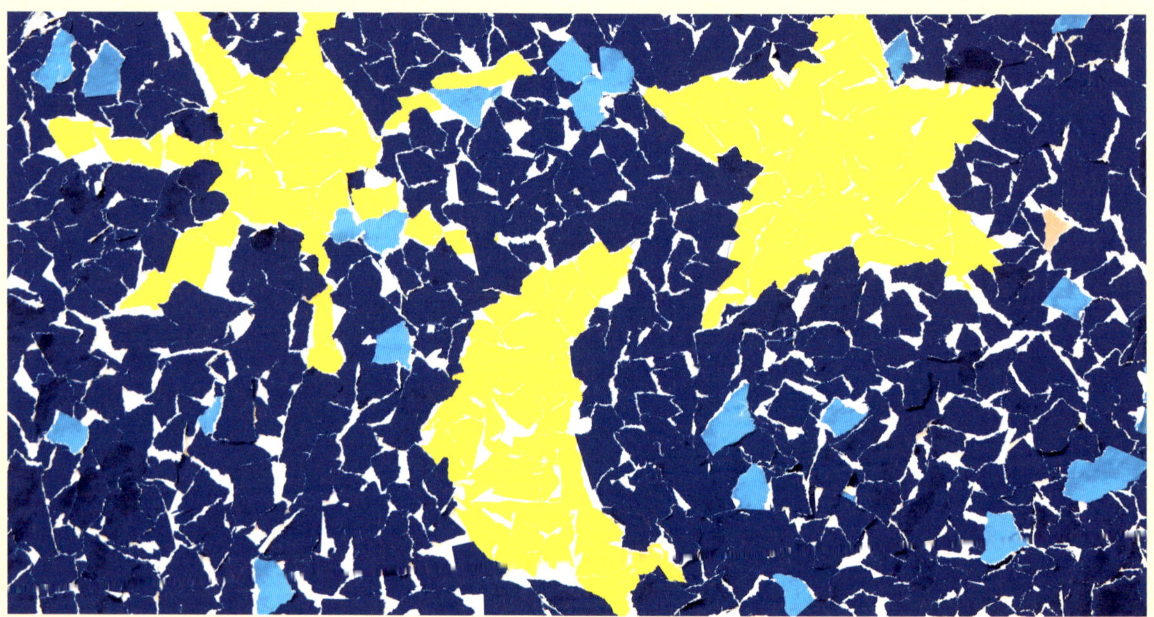

Allah loben

(nach Sure Hasr 59: 22-24)

Allah sagt: „Er ist Allah, außer ihm gibt es keinen Allah. Er kennt das Verborgene und das nicht Verborgene. Er ist der Allerbarmer und Barmherzige*.

Er ist Allah, außer dem es keinen Allah gibt. Er ist der König, der Heilige*, der Friedensstifter, der Getreue, der Beschützer, der Mächtige, der Starke, der Hocherhabene. Lobe nur Allah, denn er ist erhaben.

Er ist Allah, der Schöpfer, der Erschaffer, der Gestalter. Er hat die schönsten Namen. Alles lobt ihn, was in den Himmeln und auf der Erde ist. Und er ist der Mächtige und Weise*."

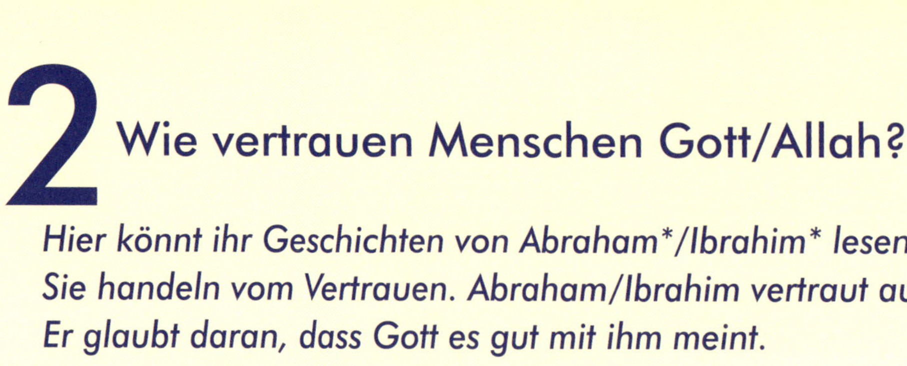

2 Wie vertrauen Menschen Gott/Allah?

Hier könnt ihr Geschichten von Abraham/Ibrahim* lesen.*
Sie handeln vom Vertrauen. Abraham/Ibrahim vertraut auf Gott.
Er glaubt daran, dass Gott es gut mit ihm meint.

Die Geschichte von Abram*

(nach dem 1. Buch Mose, Kapitel 12; 15; 17 und 21)

Abram* war mit Sarai verheiratet. Sie wohnten mit ihrer Familie in der Stadt Haran. Sie waren schon sehr alt und hatten keine Kinder.

Als Abram schon 75 Jahre alt war, sagte Gott zu ihm: „Verlasse deine Eltern und alle deine Verwandten. Ich will dir ein neues Land zeigen. Gehe dort hin. Ich werde dafür sorgen, dass du viele Kinder bekommst. Deine Familie soll groß werden. Es wird ein großes Volk daraus. Ich werde dich beschützen."

Da ging Abram mit seiner Frau Sarai und seinem Bruder Lot los.
Sie nahmen alles mit, was ihnen gehörte. Sie waren sehr lange unterwegs.
Sie gingen durch fremde Gegenden. Sie gingen durch eine große Wüste. Irgendwann erreichten sie das Land Kanaan. Als sie dort ankamen, sagte Gott zu Abram: „Dies ist das Land, das ich dir geben will."
Abram baute dort einen Altar*, um Gott zu danken und zu beten.

Gott hatte Abram versprochen, dass das Land ihm und seinen Kindern gehören wird. Aber Abram und seine Frau Sarai hatten keine Kinder.
Eines Tages sprach Gott zu Abram: „Geh hinaus und schau in den Himmel. Schau dir die Sterne an. Kannst du sie zählen? Es gibt so viele Sterne, dass man sie nicht zählen kann. So groß soll deine Familie sein."

Abram glaubte Gott und Gott sah das.

Die Geschichte von Ibrahim*

(nach Sure Anam 6: 74-79)

Ibrahim* sagte zu seinem Vater Azar: „Warum betest du Götzenbilder* als Götter an? Ich weiß, dass das falsch ist. Das ist nicht der richtige Weg."

Allah zeigte Ibrahim das Reich* der Himmel und der Erde. Denn Allah wollte, dass Ibrahim an ihn glaubt. Als die Nacht anfing, sah Ibrahim einen Stern. Ibrahim sagte: „Das ist Allah." Als der Stern aber unterging, sagte Ibrahim: „Ich liebe nicht diejenigen, die untergehen. Das ist nicht Allah!"

Als Ibrahim dann den Mond aufgehen sah, sagte er: „Das ist Allah." Als der Mond aber unterging, sagte Ibrahim: „Allah muss mich auf den richtigen Weg führen, sonst werde ich ganz bestimmt zum Volk gehören, das sich verirrt."

Als Ibrahim dann die Sonne aufgehen sah, sagte er: „Das ist Allah. Die Sonne ist größer." Als sie aber unterging, sagte Ibrahim: „Ich glaube nicht an die Götter, die mein Volk neben Allah anbetet. Denn ich bin ein Anhänger vom richtigen Glauben und sehe Allah an. Allah hat die Himmel und die Erde erschaffen, und ich gehöre nicht zu denen, die Götzen* anbeten."

Ibrahim* und die Götzen*

(nach Sure Anbiya 21: 52-68)

Ibrahim sagte zu seinem Vater und zu seinem Volk: „Was sind das für Bilder und Figuren, die ihr anbetet?"

Da sagten die Menschen: „Schon unsere Eltern verehrten diese Bilder." Ibrahim sagte: „Ihr glaubt falsch. Und eure Eltern haben auch schon geirrt."

Sie fragten: „Woher willst du das wissen?"

Aber Sarai war ungeduldig. Sie sagte zu Abram: „Ich kann keine Kinder mehr bekommen. Geh doch zu meiner Sklavin* Hagar. Vielleicht kannst du so einen Sohn bekommen." Damals war dies ganz normal. Und Sarai gab ihre Sklavin Hagar Abram zur Frau. Hagar wurde schwanger. Als Abram 86 Jahre alt war, hat Hagar einen Sohn bekommen. Sie nannten ihn Ismael*.

Als Abram 99 Jahre alt war, sagte Gott zu ihm: „Ich will einen Bund* mit dir schließen. Du sollst der Vater von vielen Völkern sein. Und ab sofort heißt du nicht mehr Abram, sondern Abraham. Dieser Bund soll für dich gelten und für alle Menschen, die nach dir leben. Ich bin dein Gott und der Gott von allen Menschen. Und das Land Kanaan will ich dir und deinen Nachkommen für immer geben. Halte dich an diesen Bund, und deine Nachkommen sollen es auch tun."

Gott sagte weiter zu Abraham: „Du sollst deine Frau nicht mehr Sarai nennen, sondern Sarah. Ich will ihr Gutes tun und sie beschenken. Auch von ihr wirst du einen Sohn bekommen. Viele Völker werden daraus werden."

Da warf sich Abraham zu Boden und lachte. „Soll ich im Alter von 100 Jahren und Sarah im Alter von 90 Jahren noch ein Kind bekommen?"

Gott sagte: „Deine Frau Sarah wird im nächsten Jahr einen Sohn bekommen. Den sollst du Isaak* nennen. Mit ihm will ich meinen Bund fortsetzen."

Und es kam so, wie Gott es gesagt hatte: Sarah wurde schwanger. Isaak wurde genau zu der Zeit geboren, wie Gott es gesagt hatte.

Die Nachkommen von Isaak wurden zu den Juden. Jesus war auch Jude. Aus dem Glauben an Jesus und seine Botschaft* entwickelte sich das Christentum.

Die Nachkommen von Ismael wurden zu den Muslimen. Aus dem Glauben an Allah und seine Botschaft entwickelte sich der Islam.

Ibrahim sagte: „Euer Allah ist Allah, der Himmel und Erde geschaffen hat. Ich glaube daran. Und, bei Allah, ich will eure Götzen* zerstören!"

Da haute Ibrahim die Götter kaputt. Aber den Größten von ihnen ließ er stehen, damit sie ihn anbeten konnten.

Sie sagten: „Wer hat unsere Götter zerstört? Er muss ein Verbrecher sein."

Sie sagten: „Wir hörten einen jungen Mann von ihnen reden, Ibrahim heißt er."

Sie sagten: „So bringt ihn her, damit wir ihn fragen können."

Sie fragten ihn: „Bist du es gewesen, der unsere Götter zerstört hat, Ibrahim?"

Er sagte: „Nein! Ich war das nicht. Es war der größte von euren Götzen*. Fragt doch eure Götter."

Sie wurden wütend: „Du weißt genau, dass die zerstörten Götter nicht reden können."

Er sagte: „Verehrt ihr denn statt Allah das, was euch überhaupt nichts nützt? Pfui über euch und über das, was ihr statt Allah anbetet! Wollt ihr es denn nicht verstehen?"

Abraham* soll Isaak* opfern*

(nach dem 1. Buch Mose, Kapitel 22)

Eines Tages stellte Gott den Glauben von Abraham* auf die Probe. Er sagte zu ihm: „Abraham, nimm deinen Sohn Isaak*. Du hast ihn sehr lieb. Geh mit ihm in das Land, das Morija heißt. Geh auf den Berg und opfere* ihn mir."

Abraham vertraute Gott. Er tat, was Gott sagte. Er nahm Holz und einen Esel mit und ging mit seinem Sohn und zwei Dienern dort hin. Unten am Berg sollten die Diener mit dem Esel warten. Abraham nahm das Holz und ging mit Isaak auf den Berg. Isaak fragte nach dem Schaf, das man normalerweise opfert. Sie hatten kein Schaf dabei. Als sie angekommen waren, baute Abraham einen Altar* und legte das Holz darauf. Und so, wie es Gott von ihm verlangte, wollte er dann seinen Sohn als Opfer schlachten.

Da rief ihn ein Engel* von Gott: „Abraham."

Und er antwortete: „Hier bin ich."

Der Engel sagte: „Lass es! Töte deinen Sohn nicht. Gott hat gesehen, dass du an ihn glaubst und dass du machst, was er von dir verlangt. Er hat gesehen, dass du sogar deinen einzigen Sohn dafür töten würdest."

Da schaute Abraham auf und sah ein Schaf im Gebüsch. Das nahm er, und er opferte Gott das Schaf. Denn Gott will keine Menschenopfer.

Da sagte der Engel von Gott zu Abraham: „Gott hat Folgendes gesagt: ‚Weil du sogar deinen eigenen Sohn geopfert hättest, will ich dich und deine ganze Familie beschützen. Ich will dafür sorgen, dass es dir und deiner Familie gut geht. Sie sollen so viele werden, wie es Sterne am Himmel oder Sand am Meer gibt.'"

Da ging Abraham mit seinem Sohn Isaak zurück zu den Dienern. Und sie gingen zurück nach Hause.

Ibrahim* soll seinen Sohn opfern*

(nach Sure Saffat 37: 101-111)

Ibrahim* hatte sich sehr lange Kinder gewünscht. Schließlich bekam er zwei Söhne: Zuerst hat seine Frau Hagar seinen Sohn Ismail* geboren. Danach hat seine Frau Sara seinen Sohn Ishaq* geboren.

Eines Tages hatte Ibrahim einen Traum. Darin wurde ihm befohlen, einen Sohn zu töten. Darüber war er sehr traurig. Trotzdem vertraute er Allah und wollte ihm deshalb gehorchen.

Erst als sein Sohn alt genug war, um mit Ibrahim arbeiten zu können, erzählte ihm Ibrahim von diesem Traum. „Oh mein Sohn, ich sah im Traum, dass ich dich töte. Was soll ich machen?" Der Sohn sagte: „Vater, mach es so, wie dir befohlen wurde. Ich will gläubig sein und dir gehorchen." Und Ibrahim legte seinen Sohn mit der Stirn auf den Boden. Da rief Allah ihm zu: „Oh Ibrahim, du hast schon gemacht, was dir im Traum gesagt wurde."

Ibrahim hatte die Prüfung bestanden, mit der Allah sein Vertrauen geprüft hatte. Ibrahim war sehr froh, dass sein Sohn gerettet war. Gemeinsam mit seinem Sohn opferte* er zum Dank ein Tier. Das Fleisch teilte er mit Freunden und Armen.

So belohnt Allah die, die Gutes tun. Tatsächlich war das eine schwere Prüfung. Und Allah sagte: „Allah erlöste Ibrahims Sohn durch ein Tier. Denn Allah will keine Menschenopfer. Und alle Menschen werden sich an den Namen von Ibrahim erinnern. Friede sei auf Ibrahim! Er gehört zu den gläubigen Dienern."

Der Bau von der Kaaba

(nach Sure Baqara 2: 125-128)

Allah machte das Haus von Ibrahim* zu einem Ort, an dem die Menschen sich ausruhen und sicher fühlen können. Er sagte zu den Menschen: „Benutzt das Haus von Ibrahim zum Beten!" Und Allah befahl Ibrahim und seinem Sohn Ismail: „Reinigt mein Haus für alle, die um das Haus herumgehen und dort beten und sich vor Allah verbeugen und niederwerfen."

Und denkt daran, dass Ibrahim sagte: „Mein Allah, mache diesen Platz zu einem sicheren Ort und versorge die Bewohner, die an Allah und den Jüngsten Tag* glauben, mit Früchten!" Allah sagte: „Wer aber nicht an mich glaubt, den schicke Ich zur Strafe ins Höllenfeuer* – das ist ein schlimmes Ende!"

Denkt daran: Ibrahim baute zusammen mit Ismail die Grundmauern von diesem Haus. Und sie beteten: „Allah, nimm uns an. Du bist ja der Allhörende und Allwissende. Unser Allah, mache, dass wir und alle Menschen nach uns Dir gehorchen. Mache, dass wir eine gläubige Gemeinschaft sind. Und zeige uns, wie wir beten und fasten* sollen. Und verzeihe uns."

3 Was erzählen Bibel und Koran über Schwierigkeiten und Konflikte zwischen den Menschen?

Wenn Menschen zusammenleben, gibt es verschiedene Meinungen und auch Streit. Menschen machen Fehler. Manchmal brauchen sie Hilfe, um Streitigkeiten zu klären. Dabei helfen Gebote* und Regeln.

➡ *Über Gebote und Regeln erfährst du etwas in diesem Kapitel auf den Seiten 80-85.*

Zuerst wird davon erzählt, dass es schon immer schlimmen Streit gab und wie Gott/Allah diesen Streit entschieden hat.

Kain* und Abel*

(nach dem 1. Buch Mose, Kapitel 4)

Adam* und Eva* hatten zwei Söhne. Der ältere Sohn war Kain*. Er war Ackerbauer. Der jüngere Sohn war Abel*. Er war Hirte. Einmal hat Kain etwas von seiner Ernte für Gott geopfert*. Auch Abel hat von den Lämmern aus seiner Herde für Gott geopfert. Das hat man damals so gemacht, um Gott zu danken.

Abel und sein Opfer gefielen Gott. Das ärgerte Kain sehr und er wurde wütend. Gott fragte ihn, warum er so zornig war. Kain schaute zum Boden. Und Gott sagte zu ihm, dass er nichts Böses tun sollte. Aber Kain ging mit seinem Bruder Abel aufs Feld und schlug ihn tot. Gott fragte Kain: „Wo ist dein Bruder Abel?" Kain antwortete: „Ich weiß es nicht. Ich muss doch nicht auf ihn aufpassen." Gott sagte zu ihm: „Verlasse sofort deine Heimat. Du wirst ab sofort immer umherziehen. Du kannst nichts mehr ernten, was du angepflanzt hast." Kain bekam Angst davor, dass ihn jemand töten würde, wenn er so allein umherzieht. Aber Gott machte ihm ein Zeichen. Jeder konnte es erkennen. Gott sagte zu Kain: „Niemand, der dich trifft, wird dich töten." Da verließ Kain seine Heimat und ging weit weg.

Habil* und Kabil*

(nach Sure Maida 5: 27-32)

Adam* und Hawwa* hatten viele Kinder. Einer von ihren Söhnen hieß Kabil* und ein anderer Habil*. Sie bestellten die Felder und hielten Schafe. Einmal war es wieder Erntezeit. Die Brüder opferten* einige Tiere und Früchte von den Feldern. Allah nahm das Opfer von Habil an, weil dieser ein reines* Herz hatte. Aber das Opfer von Kabil nahm Allah nicht an. Kabil war neidisch und dann wurde daraus sehr großer Hass. Er schrie seinen Bruder Habil an: „Ich werde dich umbringen!"

Aber Neid und Eifersucht sind Gedanken, die vom Teufel kommen. Sie machen das Herz von den Menschen kalt und vergiften ihre Seele*. Und die Menschen machen dann böse Sachen. Da sagte Habil zu Kabil: „Allah nimmt nur das Opfer von Menschen an, die an ihn glauben. Sogar wenn du mich jetzt tötest, werde ich mich nicht wehren. Ich will dich nicht töten, denn ich glaube an Allah, den Herrn über die Welt. Wenn du mich tötest, dann übernimmst du zur Strafe auch meine Fehler."

Kabil konnte seine bösen Gedanken nicht loswerden. Er schlug seinen eigenen Bruder tot. Ab jetzt gehörte er nicht mehr zu den guten Menschen.

Da schickte Allah einen Raben. Der Rabe fing an, in der Erde zu kratzen. Er war gekommen, um Kabil zu zeigen, wie man ein Grab für den Toten gräbt. Kabil schämte sich sehr und rief: „Oje, ich kann noch nicht mal ein Grab für meinen Bruder graben. Ein Rabe muss mir das erst zeigen!" Kabil bereute seine Tat.

Es ist ein schweres Verbrechen, wenn man einen Menschen tötet. Wer einen Menschen tötet, ist wie einer, der alle Menschen getötet hat. Wer aber einem Menschen das Leben rettet, ist wie einer, der allen Menschen das Leben gerettet hat.

Jakob und Esau

(nach dem 1. Buch Mose, Kapitel 27)

Isaak* hatte zwei Söhne. Sie waren Zwillinge. Sie hießen Jakob und Esau. Schon im Bauch von ihrer Mutter Rebekka haben sie sich getreten. Rebekka fragte Gott: „Warum ist das so?" Gott sagte zu ihr: „Zwei Kinder sind in deinem Körper. Der ältere Sohn wird dem jüngeren Sohn gehorchen."

Als Isaak alt war, konnte er nicht mehr gut sehen. Er merkte, dass er bald sterben würde. Da rief er seinen älteren Sohn Esau zu sich. Er sagte zu ihm: „Geh und jage mir ein Tier für ein leckeres Essen. Das bringst du mir und dann will ich dich segnen." Wer den Segen* von seinem Vater bekommt, der bekommt alles, was dem Vater gehört. Esau wäre dann der Oberste in der Familie.

Die Mutter Rebekka hatte das Gespräch gehört. Sie wollte, dass Jakob alles bekommt. Sie erzählte Jakob alles, was sein Vater gesagt hatte, und sagte: „Hol ein Tier, damit ich etwas Leckeres für Isaak koche. Das bringst du dann zu ihm. Dann wird dein Vater dich segnen." Jakob sagte aber: „Das wird mein Vater merken, wenn er mich anfasst. Ich habe doch eine glatte Haut und Esau hat viele Haare. Dann sieht es so aus, als wenn ich ihn betrügen wollte." Rebekka sagte zu Jakob: „Gehorche mir!" Und Jakob gehorchte. Jakob brachte das leckere Essen, das seine Mutter gekocht hatte, zu seinem Vater. Isaak sagte zu Jakob: „Komm näher, damit ich dich anfassen kann." Jakob hatte Kleider von seinem Bruder angezogen. Auf Arm und Hände hatte er ein Tierfell gelegt, damit er Haare hatte wie sein Bruder Esau. Der Vater fragte: „Bist du Esau, mein Sohn?" Jakob antwortete: „Ja, ich bin es." Als Isaak das leckere Essen gegessen hatte, segnete er seinen Sohn.

Gerade als Isaak fertig war, kam Esau vom Jagen nach Hause. Er kochte das Essen und ging zu seinem Vater Isaak.

Isaak fragte, weil er ja nicht gut sehen konnte: „Wer bist du?"

Esau antwortete: „Ich bin dein ältester Sohn Esau."

Da erschrak der Vater, denn er erkannte, dass Jakob ihn und Esau betrogen hatte. Esau war wütend und er weinte. Isaak sagte: „Ich kann den Segen von Jakob nicht mehr wegnehmen. Jakob hat alles geerbt und wird der Oberste in der Familie. Esau, du musst auf ihn hören."

Der zwölfjährige Jesus im Tempel*

(nach dem Lukasevangelium, Kapitel 2,41-52)

Wie jedes Jahr gingen viele Menschen zum Passahfest* nach Jerusalem. Jesus und seine Eltern waren auch dabei. Jesus war zwölf Jahre alt. Am Ende vom Fest machten sich alle wieder auf den Weg nach Hause. Aber Jesus blieb in Jerusalem. Seine Eltern wussten das nicht. Sie dachten, er ist mit anderen irgendwo in der Gruppe unterwegs.

Am ersten Abend von der Rückreise suchten sie Jesus bei der Familie und bei Bekannten. Sie fanden ihn aber nicht. Also gingen die Eltern wieder zurück nach Jerusalem, um ihn dort zu suchen. Endlich, nach drei Tagen, fanden sie Jesus wieder. Er saß im Tempel in der Mitte von den Lehrern. Er hörte den Lehrern zu und fragte sie auch. Alle anderen hörten ihm zu und waren erstaunt darüber, wie schlau er war. Als seine Eltern ihn dort sahen, waren sie ganz erschrocken. Seine Mutter sagte zu ihm: „Warum bist du nicht mitgekommen? Dein Vater und ich haben uns große Sorgen gemacht."

Jesus antwortete: „Warum habt ihr mich gesucht? Wisst ihr nicht, dass ich dort sein muss, wo mein Vater ist."

Aber seine Eltern verstanden ihn nicht. Dann ging Jesus mit ihnen zurück nach Nazareth. Aber seine Mutter merkte sich seine Antwort.

4 Welche Regeln und Gebote* hat Gott/Allah den Menschen gegeben?

Im Christentum und Islam gibt es in den heiligen Büchern Vorschriften, Gebote und Regeln, wie die Menschen leben sollen. Menschen brauchen Regeln, um friedlich, ohne Streit miteinander zu leben. Wie kann das gelingen? Gott gibt dafür als Hilfe diese Regeln.*

Die zehn Gebote*

(nach dem 2. Buch Mose, Kapitel 20,1-17)

Ich bin Gott. Ich behüte und beschütze euch. Betet nur zu mir und nicht zu einem anderen Gott. Keiner soll ein Bild von mir machen.

Du sollst den Namen von Gott nicht entehren*.

Du sollst den Feiertag beachten und ehren*.

Du sollst deinen Vater und deine Mutter immer gut behandeln.

Du sollst niemand töten.

Du sollst deine Partnerin oder deinen Partner nicht betrügen.

Du sollst nicht stehlen.

Du sollst nicht lügen.

Du sollst nicht neidisch sein auf das Haus von anderen.

Du sollst nicht neidisch sein, wenn jemand etwas hat, was du gerne hättest.

Gebote* und Verbote von Allah im Koran

(nach Sure Muhammad 47: 19, Sure Furqan 25: 3, Sure Araf 7: 180, Sure Dschumua 62: 9, Sure Isra 17: 23.32-33, Sure Mumtahina 60: 12, Sure Baqara 2: 42 und Sure Ta-Ha 20: 131)

Allah spricht: „Glaube nur an Allah.

Stelle Allah nichts gleich.

Wenn am Freitag zum Gebet* aufgerufen wird, dann geht schnell. Denkt an Allah dabei und macht eure Geschäfte zu.

Allah will, dass man die Eltern gut behandelt.

Behandle alle Menschen gerecht.

Sei nicht verschwenderisch.

Töte niemanden.

Betrügt eure Partnerin oder euren Partner nicht.

Ihr sollt nicht stehlen.

Haltet ein, was ihr versprochen habt. Seid immer ehrlich und aufrichtig.

Sei nicht neidisch, wenn jemand etwas hat, was du gerne hättest.

Achte auf die Umwelt und die Schöpfung* von Allah."

Das Doppelgebot* von der Liebe – Die Liebe zu Gott und zu den Menschen

(nach dem Matthäusevangelium, Kapitel 22,36-40)

Jesus sagte zu einem Pharisäer*: „Du sollst deinen Gott von ganzem Herzen, von ganzer Seele* und mit allen Gefühlen lieben."
Dies ist das höchste und erste Gebot*. Das andere ist aber genauso wichtig: „Du sollst die anderen Menschen lieben wie dich selbst." In diesen beiden Geboten werden alle anderen Gebote und Regeln von Gott und die Anweisungen von den Propheten* deutlich.

Die Liebe zu den Menschen und die Barmherzigkeit* von Allah

(nach Sure Schura 42: 23)

Allah spricht: „Ich (Allah) möchte von euch nicht belohnt werden. Mir reicht eure Liebe zu den anderen Menschen. Und wenn ihr eine gute Tat begeht, dann macht Allah diese noch besser. Wirklich, Allah verzeiht allen. Seid dankbar."

Die Geschichte von der Gazelle *(nach der Überlieferung* von Muslim*)*

Eine Gazelle war von einem Jäger gefangen worden. Sie beklagte sich bei dem Propheten* Muhammad, dass ihre Kitzlein verdursten müssten. Kitzlein sind die Kinder von der Gazelle. Muhammad hörte den Ruf der Gazelle und kam herbei. Er sagte: „Warum rufst du um Hilfe? Was ist geschehen, Gazelle?" Sie antwortete: „Herr, ich habe die Kitzlein hungrig in der Wüste zurückgelassen! Hilf mir doch, Muhammad! Sag dem Jäger, dass ich zurückkomme! Ich will dort hingehen und den Kitzlein etwas Milch geben." Da band Muhammad die Gazelle sofort los. Sie lief schnell zu ihren Kitzlein.

Aber der Jäger kam und fragte Muhammad: „Ich habe das aus Spaß an der Jagd gemacht. Doch wer bist du? Woher kommst du? Und wie heißt du denn? Entweder du bringst die Gazelle wieder her oder beantworte schnell meine Fragen!" Da stellte sich Muhammad sehr geduldig vor dem Jäger hin und sagte: „Ich bin Muhammad, der Getreue. Und die Gazelle versprach mir fest, dass sie zurückkommt. Wenn die Gazelle nicht zurückkommt, dann nimm mich an ihrer Stelle!"

Die Gazelle war inzwischen bei ihren Jungen angekommen. Sie erzählte ihnen, wie sich der Prophet für sie eingesetzt hatte. Sie bat die Kitzlein, mit ihr zu kommen. Als sie zu Muhammad zurückkamen, fielen sie vor ihm nieder. Als der Jäger das sah, dachte er noch einmal nach, und die Gazelle durfte in die Steppe zurückgehen.

Die Goldene Regel in der Bibel

(nach dem Matthäusevangelium, Kapitel 7,12)

Jesus sagt: „So wie ihr wollt, wie die Leute euch behandeln sollen, genau so macht es bei ihnen!"

Die Goldene Regel im Koran

(nach Nawawi, 13)

Muhammad sagt: „Keiner von euch glaubt wirklich an Allah, wenn er nicht seinem Bruder wünscht, was er sich selber wünscht."

5 Wie nimmt Gott/Allah die Menschen an?

Im Neuen Testament gibt es viele Geschichten darüber, dass Gott die Menschen liebt. Gott nimmt die Menschen so an, wie sie sind, auch wenn sie Fehler machen. Im Kapitel „Gott" findet ihr noch andere Geschichten darüber, dass Gott die Menschen beschützt und wie er für sie sorgt.*

Die folgenden Geschichten erzählen, was Jesus zu den Menschen gesagt hat. Sie erzählen davon, dass Gott alle Menschen angenommen hat.

Gott ist barmherzig* – Die Segnung der Kinder

(nach dem Markusevangelium, Kapitel 10,13-16)

Jesus war in ein Dorf gekommen. Da kamen Menschen und sie brachten ihre Kinder zu ihm. Sie wollten, dass Jesus die Kinder berührt und sie segnet. Die Jünger* von Jesus meinten, ihn stört das. Deshalb wollten die Jünger die Kinder wegschicken. Jesus sah das. Er wurde ärgerlich und sagte: „Lasst die Kinder zu mir kommen. Wehrt sie nicht ab. Auch den Kindern gehört das Reich* von Gott. Wer das Reich von Gott nicht so annimmt, wie es Kinder tun, der wird nicht hineinkommen." Und dann drückte Jesus die Kinder, und er legte seine Hände auf sie und segnete sie.

Auch der Koran erzählt von der Liebe von Allah. Oft betont er die Gnade* und Barmherzigkeit* von Allah. Jede Sure (mit Ausnahme von Sure 9) wird eingeleitet mit:

„Im Namen des gnädigen und barmherzigen Allahs." Damit ist gemeint, dass Allah gut zu den Menschen ist und er ihnen ihre Fehler verzeiht.

Allah ist barmherzig*

(nach Sure Anam 6: 54)

Allah sagt: „Wenn Menschen zu dir kommen, die an Allah glauben, dann sage: ‚Friede sei auf euch! Allah will zu euch barmherzig sein: Wenn jemand etwas Böses tut, ohne es zu wissen, und es später bereut, dann ist Allah ihm gnädig. Allah ist barmherzig und er vergibt ihm.'"

☪

(nach Sure Araf 7: 156)

Allah sagt: „Meine Barmherzigkeit* kennt keine Grenzen."

☪

(nach Sure Imran 3: 31)

Allah sagt: „Wenn ihr Allah liebt, dann folgt mir. Dann wird Allah euch auch lieben und euch eure Schuld vergeben! Allah ist barmherzig und bereit zu vergeben."

Zachäus

(nach dem Lukasevangelium, Kapitel 19,1-10)

Jesus kam nach Jericho. Viele Menschen wollten Jesus sehen. Unter ihnen war auch Zachäus. Er war nicht sehr beliebt, denn er war ein reicher Zöllner. Bei einem Zöllner mussten die Menschen immer mehr bezahlen, als eigentlich festgelegt war. Auch Zachäus betrog die Menschen beim Zoll*. Zachäus wollte Jesus gern sehen. Aber er war klein. Deshalb kletterte er auf einen Baum.

Als Jesus vorbeikam, sah er nach oben. Jesus sah Zachäus und sagte zu ihm: „Komm herunter, ich will dich heute besuchen und mit dir essen." Zachäus freute sich sehr und kletterte sofort vom Baum.

Die anderen Menschen waren ärgerlich. Sie verstanden Jesus nicht und sagten: „Er besucht einen Sünder*. Er besucht jemanden, der sich nicht an die Gebote* von Gott hält."

Zachäus ging zu Jesus und versprach ihm: „Die Hälfte von dem, was ich besitze, gebe ich den Armen. Und den Menschen, die ich betrogen habe, werde ich viermal so viel zurückgeben."

Jesus antwortete ihm: „Für alle, die in deinem Haus leben, für dich und deine Familie wird alles gut werden. Denn ich bin gekommen, um das zu suchen und selig* zu machen, was verloren ist."

Vom verlorenen Sohn

(nach dem Lukasevangelium, Kapitel 15,11-32)

Jesus erzählte noch eine Geschichte: Ein Mensch hatte zwei Söhne. Der Jüngere forderte vom Vater den Teil vom Besitz, der ihm zustand. Da teilte der Vater seinen Besitz unter seinen Söhnen auf. Dann packte der jüngere Sohn alle seine Sachen und ging weit weg in ein anderes Land. Dort lebte er in Saus und Braus. Er gab sein ganzes Geld aus. Da kam eine große Hungersnot. Er suchte Arbeit und wurde Schweinehirt. Er hatte so großen Hunger, dass er vom Futter für die Schweine aß. Da dachte er an seinen Vater. Der gab seinen Arbeitern immer genügend zum Essen. So beschloss er, zu seinem Vater zurückzugehen. Er wollte dort als Arbeiter arbeiten.

Sein Vater sah ihn schon von Ferne und er lief ihm entgegen. Der Vater freute sich sehr. Er umarmte und küsste ihn. Aber der Sohn sagte zu ihm: „Vater, ich habe dich und andere enttäuscht. Ich habe viele Fehler gemacht. Ich bin es nicht mehr wert, dein Sohn zu sein." Aber der Vater forderte seine Arbeiter auf, ein großes Festessen vorzubereiten. Sie sollten seinem Sohn auch die schönste Kleidung bringen. Der Vater sagte: „Mein Sohn war verloren. Er war wie tot für mich. Jetzt ist er wieder da. Er ist gefunden, er ist lebendig." Und alle freuten sich.

Da kam der ältere Sohn von der Feldarbeit nach Hause. Er wunderte sich über das Fest. Die Arbeiter erklärten ihm: „Dein Bruder ist wieder nach Hause gekommen!" Da wurde der ältere Sohn ärgerlich. Er ging zu seinem Vater und sagte: „Ich habe die ganzen Jahre hier gearbeitet und alles gemacht. Ich habe alle Regeln und alle Gebote* eingehalten. Für mich gab es kein Fest. Jetzt kommt dein Sohn nach Hause, der alles Geld rausgeschmissen hat. Jetzt gibt es ein Fest. Das finde ich sehr ungerecht!" Der Vater sagte zu ihm: „Du bist die ganze Zeit bei mir gewesen. Dir ging es gut. Alles, was mir gehört, gehört auch dir. Jetzt sollst du dich auch freuen, denn dein Bruder war tot und ist wieder lebendig geworden. Er war verloren und ist wiedergefunden."

6 Wie gehen Menschen mit Tod und Trauer um?

Menschen haben manchmal Probleme, die sie traurig machen. Sie haben Schwierigkeiten, die sie nicht alleine lösen können. Hier könnt ihr lesen, wie der Glaube den Menschen Hoffnung gibt. Sie vertrauen auf die Hilfe von Gott.

Im Islam ist für die Menschen wichtig, dass Allah das Leben schenkt und dass er es manchmal auch sehr früh nimmt.

Bei Gott zu sein, tut mir gut

(nach Psalm 73)

Gott gibt allen Menschen Hoffnung, die an ihn glauben.

Ich habe gesehen: Vielen Menschen geht es gut, obwohl sie Böses getan haben. Sie halten sich nicht an die Gebote* von Gott. Sie denken, dass Gott es nicht merkt.

Anderen Menschen geht es schlecht, obwohl sie sich an die Gebote von Gott halten. Das fand ich ungerecht. Mir ging es deshalb nicht gut.

Mein Leben ist anstrengend. Ich frage mich: Ist es umsonst, dass ich mich an die Gebote von Gott halte. Deshalb wollte ich so sein wie die Bösen. Aber dann habe ich gemerkt, dass ich dann nicht mehr nahe bei Gott bin.

Ich habe an Gott gedacht und gefühlt, dass es mir dabei besser geht.

Deshalb glaube ich weiter an Gott. Gott beschützt mich. Er zeigt mir den Weg. Er begleitet mich. Gott will mir bis zum Ende ganz nahe sein.

Ich wünsche mir, immer bei Gott zu sein. Das tut mir gut.

Bei Gott zu sein ist, für mich ein sicherer Ort. Ich will allen von seinen Taten erzählen.

Der Sohn von Muhammad stirbt

(nach der Überlieferung von Muslim*)*

Anas ist ein Freund vom Propheten* Muhammad. Er erzählt davon, dass Muhammad seinen Sohn verliert. Er berichtet:

„Der Prophet Muhammad war immer gut zu seinem Sohn Ibrahim*. Bei seiner Geburt sagte Muhammad: ‚In dieser Nacht wurde mir ein Junge geboren. Ich habe ihm den Namen Ibrahim gegeben.' Dann ließ der Prophet den Jungen zu sich bringen. Er nahm ihn in seine Arme und erzählte ihm etwas von Allah."

Dann berichtet Anas weiter:

„Ich habe Ibrahim kurz vor seinem Tod gesehen. Er lag in den Armen vom Propheten. In den Augen vom Propheten Muhammad waren Tränen. Muhammad sagte: ‚Die Augen weinen und das Herz ist traurig. Bei Allah! Ibrahim, ich bin sehr traurig. Aber ich sage trotzdem nur etwas über Allah, was Allah gefällt.'"

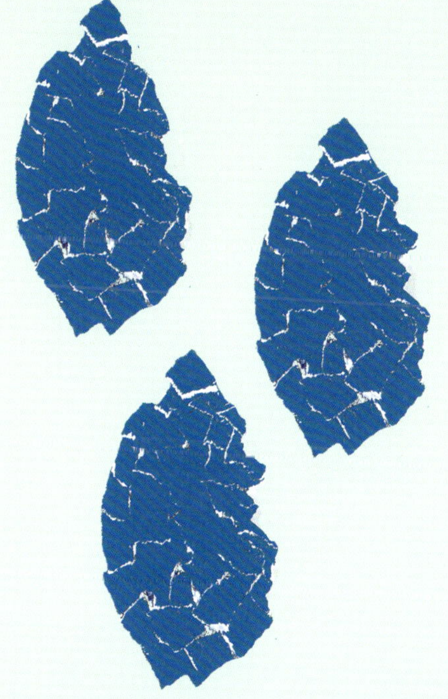

Nichts trennt mich von Gott

(nach dem Brief an die Gemeinde in Rom, Kapitel 8,38)

Der Apostel Paulus schreibt an die Gemeinde in der Stadt Rom:

„Es gibt nichts, was uns von Gott trennt: nicht der Tod oder das Leben, nicht Engel* oder andere Mächte, nicht jetzt oder in Zukunft. Nicht etwas Hohes oder Tiefes trennt uns von der Liebe von Gott. Diese Liebe begegnet uns in Jesus Christus,* unserem Herrn."

Bibel und Koran erzählen von Jesus/Isa

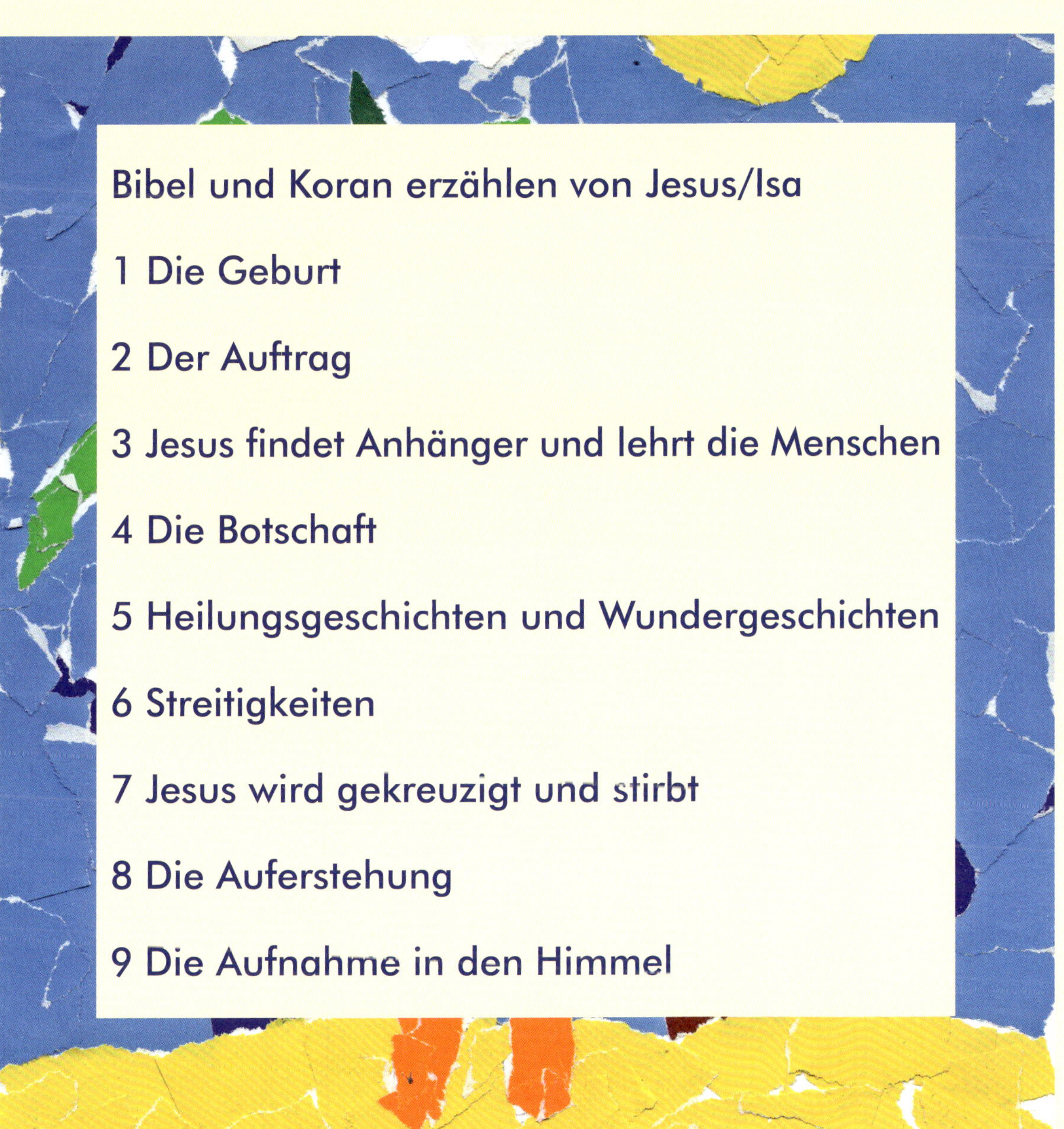

Bibel und Koran erzählen von Jesus/Isa

1 Die Geburt

2 Der Auftrag

3 Jesus findet Anhänger und lehrt die Menschen

4 Die Botschaft

5 Heilungsgeschichten und Wundergeschichten

6 Streitigkeiten

7 Jesus wird gekreuzigt und stirbt

8 Die Auferstehung

9 Die Aufnahme in den Himmel

Bibel und Koran erzählen von Jesus/Isa*

„Für wen haltet ihr mich?“ fragt Jesus seine Freunde in der Bibel. „Wer bin ich für dich?“ könnte Jesus auch fragen.

Auf diese Fragen geben die Bibel und der Koran unterschiedliche Antworten. Darum haben sie verschiedene Namen für Jesus.

In der Bibel heißt Jesus auch „Christus“. Christus ist das griechische Wort für das hebräische* Wort „Messias“*. Jesus ist der Messias. Mit dem Messias sollte nach jüdischem Glauben das Reich* von Gott und seine Herrschaft beginnen. Für Christinnen und Christen ist Jesus der Messias. Mit ihm hat dieses Reich von Gott begonnen. Deshalb nennen Christinnen und Christen Jesus auch Sohn Gottes. Denn in Jesus zeigt sich Gott.*
Christinnen und Christen glauben an Jesus Christus. Sie feiern deshalb zum Beispiel seine Geburt, seinen Tod und seine Auferstehung.*

Im Koran kommt Jesus an vielen Stellen vor. Dort heißt er Isa. Seine Mutter heißt Maryam*. Maryam ist auf Deutsch Maria. Im Koran ist Isa der Sohn von Maryam, aber nicht der Sohn Gottes. Für Muslime ist Isa ein sehr wichtiger Prophet*. Er bringt Botschaften* von Gott zu den Menschen.*
Isa spricht von einem noch größeren Propheten, der nach ihm kommt.
Im Koran steht, dass dies Muhammad ist.

Jesus fragt: „Für wen hältst du mich? Wer bin ich für dich?“ In der Bibel und im Koran geben viele Geschichten Antworten auf diese Fragen. Vielleicht entdeckst du auch deine eigene Antwort!

1 Die Geburt von Jesus

(nach dem Lukasevangelium, Kapitel 1 und 2)

Maria* lebte in der Stadt Nazareth. Sie war mit Josef* verlobt. Eines Tages kam der Engel* Gabriel* mit einer Botschaft*. Er sagte: „Sei gegrüßt, du Gesegnete!"

Maria erschreckte sich. Doch der Engel redete weiter: „Fürchte dich nicht. Gott hat dich gesegnet. Du wirst schwanger und einen Sohn bekommen. Dem sollst du den Namen Jesus geben."

Maria sagte: „Ich habe doch gar keinen Mann!" Gabriel sagte: „Bei Gott ist alles möglich. Der Geist Gottes wird über dich kommen!" Da stimmte Maria zu. Und Maria sang Gott ein Loblied: „Gott hat mich auserwählt! Gott ist mächtig. Gott stößt die Herrscher vom Thron und macht die Armen stark."

Zu der Zeit herrschte Kaiser Augustus in Rom. Er war der mächtigste Mann der Erde. Er befahl, dass alle Menschen in ihre Geburtsstadt gehen. Sie sollten dort gezählt werden, damit er die Steuern festlegen konnte.

Josef und Maria mussten deshalb nach Bethlehem gehen. Das war die Geburtsstadt von Josef. Maria war da schon hochschwanger. Es waren sehr viele Menschen unterwegs. Deshalb fanden sie nachts keinen Platz zum Schlafen. Darum übernachteten sie in einem Stall. Hier bekam Maria ihren Sohn.

In der Nähe hüteten Hirten ihre Schafe. Auf einmal erschienen ganz viele Engel am Himmel. Ein Engel sprach: „Fürchtet euch nicht. Etwas ganz Wunderbares ist geschehen. Heute Nacht ist der Retter geboren! Ihr findet ihn in einem Stall. Er ist in Windeln gewickelt." Und die Engel sangen und lobten Gott. Die Hirten suchten nach dem Kind. Sie fanden es in einem Stall. Genau so hatten es die Engel gesagt.

Als Jesus acht Tage alt war, wurde er beschnitten*. So war und ist es üblich bei den jüdischen Menschen.

Die Geburt von Isa

(nach Sure Maryam 19: 16-36)

Maryam* zog sich von ihrer Familie zurück und ging an einen östlich gelegenen Ort. Da sandte Allah seinen Engel* zu ihr.

Der Engel sprach zu Maryam: „Du wirst einen Sohn bekommen!"

Sie antwortete empört: „Wie soll ich einen Jungen bekommen, wenn mich kein Mann berührt hat?"

Der Engel sagte: „Das ist für Allah leicht. Dein Sohn wird zum Zeichen der Barmherzigkeit* von Allah."

Und so geschah es: Maryam wurde schwanger. Sie zog sich an einen fernen Ort zurück. Die Geburt kam und die Wehen setzten ein. Maryam lehnte sich an eine Palme. Sie war verzweifelt: „Wäre ich doch nur vorher gestorben. Hätte man mich doch nur vergessen."

Da war unter ihr eine Stimme: „Sei nicht traurig. Schau her: Da ist frisches Wasser. Und hier wächst eine Dattelpalme. Schüttele sie. Und iss von den saftigen Datteln. Iss und trink und sei fröhlich."

Nach der Geburt ging Maryam mit Isa zu ihren Leuten. Diese waren empört über Maryam. Sie sagten: „Maryam, das ist ein Skandal." Doch der neugeborene Isa verteidigte seine Mutter. Er sagte: „Ich bin der Knecht Allahs. Allah gab mir die Schrift* und machte mich zum Propheten*."

So ist Isa der Sohn von Maryam. Aber er ist nicht der Sohn von Allah. Denn Allah ist einer. Er hat keinen Sohn. Aber Isa wird ein Diener Allahs sein. Und er wird in dieser Welt und in der nächsten Welt verehrt werden.

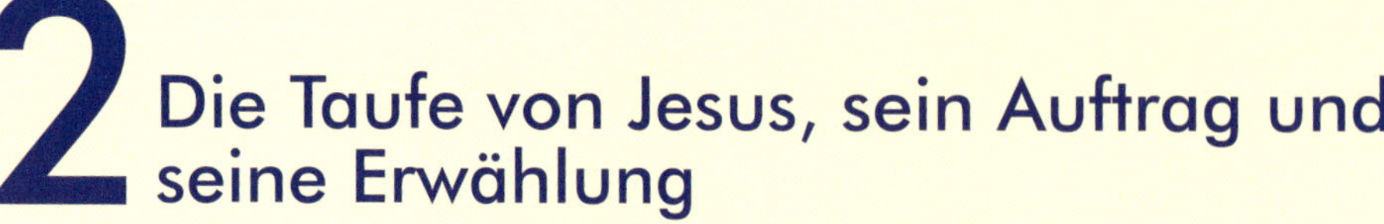

2 Die Taufe von Jesus, sein Auftrag und seine Erwählung

(nach dem Markusevangelium, Kapitel 1,4-11; nach dem Lukasevangelium, Kapitel 7,18-22 und nach dem Matthäusevangelium, Kapitel 16,13-16)

Johannes der Täufer lebte in der Wüste. Er sagte den Menschen: „Kehrt um und tut Buße*. Denn das Reich* von Gott ist nahe. Lasst euch taufen. Gott will euch eure Schuld vergeben." Viele Menschen kamen zu Johannes, und er taufte sie mit Wasser aus dem Fluss Jordan. Er sagte: „Nach mir kommt einer, der ist größer und wichtiger als ich. Auf den sollt ihr hören. Ich taufe euch mit Wasser, aber er wird euch mit Heiligem Geist* und Feuer taufen." Die Menschen fragten: „Ist das dann der Messias*?" Auch Jesus ließ sich von Johannes taufen. Da kam der Geist von Gott auf Jesus herab. Der Geist Gottes sah aus wie eine Taube. Aus dem Himmel kam eine Stimme: „Du bist mein lieber Sohn, dich habe ich ausgewählt."

✷

Später hörte Johannes, was Jesus alles tat: Er heilte Menschen, vertrieb böse Geister und machte, dass Blinde wieder sehen konnten. Da sandte Johannes seine Freunde zu Jesus. Die fragten ihn: „Bist du der Messias*? Oder sollen wir auf einen anderen warten?" Jesus antwortete: „Berichtet Johannes, was ihr gesehen und gehört habt. Blinde sehen, Lahme gehen, Aussätzige* werden rein*, Taube hören, Tote stehen auf und Armen wird die Frohe Botschaft* verkündigt!"

✷

Die Freundinnen und Freunde von Jesus nennt man auch Jüngerinnen und Jünger*. Einmal fragte Jesus seine Jüngerinnen und Jünger: „Für wen halten mich die Menschen?" Da antworteten sie: „Manche sagen, du bist Johannes der Täufer. Andere halten dich für einen von den Propheten*." Jesus fragte: „Für wen haltet ihr mich?" Einer der Jünger hieß Petrus. Petrus antwortete: „Du bist der Messias, der Christus*, der Sohn vom lebendigen Gott!"

Der Auftrag von Isa

(nach Sure Maida 5: 110-116)

Allah sprach zu Isa*: „Isa, Sohn von Maryam*, erinnere dich an das, was ich dir und deiner Mutter geschenkt habe. Ich habe dich mit dem Heiligen Geist* gestärkt. Ich habe dich die Schrift*, die Weisheit*, die Thora* und das Evangelium* gelehrt. Mit meiner Erlaubnis konntest du Blinde und Aussätzige* heilen und Tote auferwecken. Ich frage dich: Hast du zu den Menschen gesagt, dass sie dich und deine Mutter anbeten sollen?"

Isa antwortete erschreckt: „Ich lobe dich, Allah. Das habe ich nicht gesagt. Ich habe ihnen nichts anderes gesagt, als du mir aufgetragen hast. Ich habe zu den Menschen gesagt: Verehrt Allah. Er ist mein und euer Herr!"

3 Jesus findet Anhänger und lehrt die Menschen

(nach dem Markusevangelium, Kapitel 1,16-18 und dem Lukasevangelium, Kapitel 8,1-3 und 10,25-36)

Jesus war am See Genezareth. Er traf dort Petrus und seinen Bruder Andreas. Beide waren Fischer. Sie hatten an dem Tag kein Glück beim Fischen. Jesus sagte zu ihnen: „Segelt noch einmal auf den See."

Sie fuhren noch einmal hinaus auf den See. Dieses Mal fingen sie viele Fische. Ihre Netze waren voll. Da sagte Jesus zu den beiden: „Ab sofort sollt ihr nicht mehr Fische fangen, sondern Menschen für mich sammeln." Und die beiden wurden zu Jüngern* von Jesus. Das waren Freunde von Jesus, die mit unterwegs waren. Ebenso folgten Jesus auch einige Frauen. Diese hießen Jüngerinnen.

Ein Gelehrter fragte Jesus: „Was muss ich tun, damit ich das ewige Leben erhalte?"

Jesus sagte: „Du weißt doch, was in der Heiligen Schrift* steht."

Da antwortete der Gelehrte: „Ich soll Gott von ganzem Herzen lieben, und meinen Nächsten soll ich lieben so wie mich. Aber wer ist mein Nächster?"

Da erzählte Jesus eine Geschichte:

„Ein Mann ging von der Stadt Jerusalem zur Stadt Jericho. Er wurde von Räubern überfallen. Die zogen ihn aus. Sie schlugen ihn und ließen ihn halbtot liegen. Da kam ein Priester den gleichen Weg. Doch als er den Mann liegen sah, ging er weiter. Ebenso kam ein anderer Mann, der im Tempel* arbeitete, vorbei. Doch als er den Mann liegen sah, ging auch er weiter. Als Dritter kam ein Mann aus dem Volk der Samariter. Als er den Verletzten sah, tat er ihm leid. Er ging zu ihm, verband ihn und ließ ihn auf seinem Esel bis in die nächste Unterkunft reiten. Dort pflegte der Samariter den Mann. Am nächsten Tag musste er wieder weitergehen. Aber er gab dem Gastwirt Geld, damit er sich weiter um den Verletzten kümmert."

Nach dieser Geschichte fragt Jesus den Gelehrten: „Wer ist für den überfallenen Mann der Nächste gewesen?"

Der Gelehrte antwortete: „Der, der hilfsbereit und freundlich war."

Da sagte Jesus: „Mach es genauso!"

Die Jünger* von Jesus wunderten sich über die Geschichte. Denn die Samariter galten als ungläubige Ausländer.

4 Die Botschaft* von Jesus

(nach dem Lukasevangelium, Kapitel 13,18-20 und Kapitel 6,20-35)

Jesus zog im Land umher und predigte. Er sagte: „Die Zeit ist erfüllt. Die Welt geht zu Ende und das Reich* von Gott ist nahe! Ändert euer Leben und glaubt an diese gute Botschaft*."

Die Menschen fragten erstaunt: „Was ist das Reich von Gott? Wo ist es? Wie sollen wir uns das vorstellen?"

Und Jesus sprach: „Was ist das Reich von Gott? Womit kann man es vergleichen? Ich will euch ein Beispiel geben: Mit dem Reich von Gott ist es so wie mit einem Senfkorn. Das nahm ein Mensch und säte es in seinen Garten. Und es wuchs und wuchs und wurde so groß wie ein Baum. Die Vögel am Himmel wohnten in seinen Zweigen."

Und ein anderes Mal sagte er: „Womit soll ich das Reich von Gott vergleichen? Es ist wie mit einem Sauerteig*, den eine Frau nahm. Sie vermengte den Sauerteig mit einem halben Sack Mehl. Am Ende war das ganze Mehl durchgesäuert."

Die Botschaft* von Isa*

(nach Sure Saff 61: 6 und Sure Maida 5: 72-74)

Denkt daran: Isa*, der Sohn von Maryam*, sagte: „Oh, ihr Kinder Israels! Ich bin wirklich ein Gesandter* von Allah für euch. Ich bin da, um zu bestätigen, was vor mir schon da war – nämlich die Thora*. Und ich kündige euch einen Gesandten an. Er wird nach mir kommen.
Sein Name wird Muhammad sein."

☪

Es ist Unglaube zu sagen, dass Isa Gott ist. Isa ist der Sohn der Maryam. Isa hat selber zu den Israeliten* gesagt: „Dient Allah, meinem und eurem Herrn!" Wer Allah andere Götter an die Seite stellt, glaubt falsch. Er wird in die Hölle* kommen. Es ist Unglaube, wenn jemand sagt, dass Allah einer von dreien ist. Denn es gibt keinen Allah außer dem einen.

Jesus erklärt den Menschen, wie Gott ist und was Gott will

(nach dem Lukasevangelium, Kapitel 6)

Jesus sagt:

Glücklich sollen alle Armen sein. Denn ihnen gehört das Reich* von Gott.

Glücklich sollen alle Hungrigen sein. Denn sie sollen satt werden.

Glücklich werden alle Traurigen sein. Denn sie werden lachen.

Schlimm geht es allen Reichen. Sie haben ihren Lohn schon bekommen.

Schlimm geht es den Satten. Sie werden Hunger haben.

Schlimm wird es für die, die jetzt lachen. Sie werden weinen und klagen.

Hört alle genau zu: Liebt eure Feinde. Behandelt die gut, die euch hassen! Segnet die, die euch Schlechtes wünschen. Wenn dich jemand auf die Backe schlägt, dann halte ihm auch noch die andere hin.

Wenn ihr die liebt, die euch lieben, was ist denn das Besondere daran? Das machen auch die Sünder* und die Ungläubigen. Wenn ihr denen etwas Gutes tut, die euch Gutes tun, was ist denn das Besondere daran? Das machen doch alle! Ihr sollt die lieben, die euch hassen, die eure Feinde sind. Wenn ihr das tut, dann werdet ihr Kinder von Gott sein!

5 Heilungsgeschichten und Wundergeschichten

(nach dem Matthäusevangelium, Kapitel 14,13-21 und dem Markusevangelium, Kapitel 10,46-52 und 4,35-41)

Eines Tages kamen viele Menschen zu Jesus. Sie wollten ihn hören. Darunter waren auch viele Kranke. Jesus heilte sie. Als es Abend wurde, baten ihn seine Jüngerinnen und Jünger*, die Menschen nach Hause zu schicken. Sie sollten dort essen. Doch Jesus sagte zu den Jüngerinnen und Jüngern: „Gebt ihnen zu essen!" Aber sie sagten ihm: „Wir haben nur fünf Brote und zwei Fische. Hier sind fast fünftausend Menschen. Das reicht nicht." Jesus sagte: „Gebt mir das Essen." Jesus segnete das Essen, teilte das Brot und gab es seinen Jüngern und Jüngerinnen. Sie sollten es den Menschen geben. Alle wurden satt. Es blieben sogar zwölf Körbe voll übrig.

✷

Jesus war mit vielen Menschen unterwegs. Ein blinder Bettler saß am Straßenrand. Der hieß Bartimäus. Als Bartimäus hörte, dass Jesus vorbeiging, fing er an zu schreien: „Jesus, habe Mitleid mit mir!" Einige Personen versuchten ihn zum Schweigen zu bringen. Doch Bartimäus schrie noch mehr: „Hilf mir!" Und Jesus bemerkte ihn und fragte ihn: „Was willst du? Was soll ich für dich tun?" Und Bartimäus antwortete: „Mach, dass ich sehen kann." Und Jesus sagte: „Dein Glaube hat dir geholfen." Und Bartimäus konnte wieder sehen.

✷

Als es Abend wurde, fuhr Jesus mit seinen Jüngern* in einem Boot über einen See. Jesus legte sich auf ein Kissen und schlief ein. Plötzlich kam ein großer Sturm auf. Der Wind wehte stark, und die Wellen waren sehr hoch. Alle hatten Angst. Die Jünger fragten Jesus: „Meister, hast du keine Angst, dass wir sterben?" Und Jesus befahl dem Wind und dem Wasser: „Seid still!" Und es wurde still. Jesus fragte seine Jünger: „Warum habt ihr Angst und glaubt nicht?"

Heilungs- und Wundergeschichten

(nach Sure Maida 5: 110)

Allah sprach: „Isa*, Sohn von Maryam*, denke an die Gnade*, die ich dir und deiner Mutter geschenkt habe. Schon als Kind habe ich dich mit dem Heiligen Geist* gestärkt. Schon als Kind in der Wiege konntest du mit den Leuten sprechen.

Ich lehrte dich die Schrift*, die Weisheit*, die Thora* und das Evangelium.

Mit meiner Erlaubnis konntest du aus Lehm etwas schaffen, was wie Vögel aussah. Und als du hineingeblasen hast, wurden sie lebendig. Mit meiner Erlaubnis konntest du Blinde und Aussätzige* heilen. Mit meiner Erlaubnis hast du Tote aus dem Grab wieder herauskommen lassen."

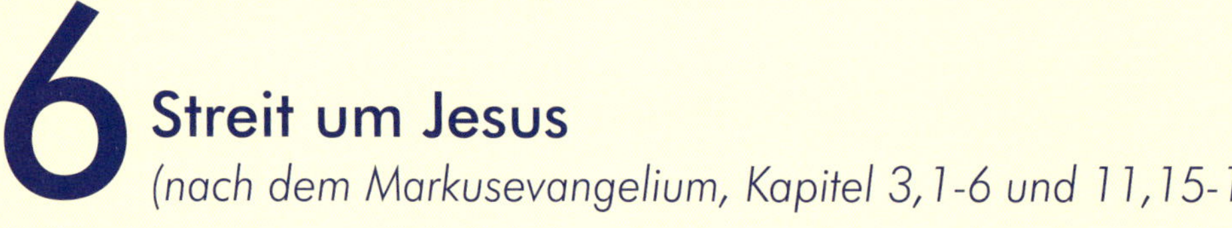

6 Streit um Jesus

(nach dem Markusevangelium, Kapitel 3,1-6 und 11,15-19)

Jesus ging am Sabbat* mit seinen Jüngerinnen und Jüngern* in eine Synagoge*. Der Sabbat ist für jüdische Gläubige der heilige* Tag in der Woche. An diesem Tag ruhen alle von der Arbeit aus. In der Synagoge war ein Mensch, der hatte eine kranke Hand.

Einige Menschen konnten Jesus nicht leiden. Sie beobachteten genau, was er machte. Jesus sprach zu dem Menschen mit der kranken Hand: „Komm in die Mitte."

Jesus sah die anderen an. Er erkannte ihren Zorn und ihre Wut. Er fragte: „Was ist am Sabbat erlaubt? Gutes tun oder Böses tun, Leben retten oder töten?" Er sprach zu dem Menschen mit der kranken Hand: „Strecke deine Hand aus." Die Hand wurde wieder gesund.

In der Nähe waren Schriftgelehrte*. Sie wollten Jesus etwas Böses antun. Sie regten sich auf und überlegten, wie sie ihn töten könnten.

✷

Jesus war oft in Jerusalem und lehrte im Tempel*. Dort waren auch viele Händler. Die Händler wollten Tiere und Gaben für die Opfer* verkaufen, um Geld zu verdienen. Jesus wurde wütend. Er fing an, die Verkäufer und die Geldwechsler aus dem Tempel zu vertreiben. Er sagte: „Der Tempel soll ein Ort zum Beten sein. Ihr habt aber eine Räuberhöhle daraus gemacht! Euch geht es nur um das Geld."

Einige Schriftgelehrte* und Priester bekamen das mit. Sie sagten zu sich: Das hätte Jesus nicht tun sollen. Damit ist er zu weit gegangen. Wir müssen etwas gegen ihn unternehmen.

Streit um Isa*

(nach Sure Zukhruf 43: 57-59)

Muhammad kritisierte die Menschen aus der Stadt Mekka*, weil sie viele verschiedene Götter verehrten. Doch die Menschen wehrten sich und zeigten auf die Christinnen und Christen. Denn die Christinnen und Christen glaubten an Allah, den Sohn Christus* und den Heiligen Geist. So, als wäre Allah drei Götter.

So wollten sie Muhammad herausfordern und mit ihm streiten. Denn Muhammad war mit vielen Christinnen und Christen befreundet.

Deshalb stellt Allah klar und sagt: Isa* war ein Diener von mir. Ich habe ihm besondere Gnade* erwiesen.

Jesus wird gekreuzigt und stirbt

(nach dem Markusevangelium, Kapitel 14 und 15 in Auszügen)

Kurz vor dem Passahfest* kam Jesus mit seinen Freundinnen und Freunden nach Jerusalem. Er wusste, dass er bald sterben würde. Er wollte noch einmal mit seinen Freunden Passah feiern. Passah erinnert jüdische Menschen an ihre Befreiung aus der Sklaverei* in Ägypten.

Jesus sagte bei dem Essen: „Teilt auch in Zukunft miteinander Brot und Wein. Wenn ihr das tut, bin ich bei euch und unter euch. So entsteht Gemeinschaft und neues Leben. Das ist der neue Bund*." Nach dem Essen gingen sie in den Garten Gethsemane. Jesus war verzweifelt und weinte.

Einer von seinen Jüngern* verriet den römischen Soldaten, wo Jesus war. Da kamen die Soldaten und nahmen ihn fest. Sie verspotteten ihn und schlugen ihn. Jesus wurde vor den Hohen Rat gebracht. Das ist das höchste jüdische Gericht. Die Mitglieder vom Hohen Rat warfen Jesus vor, dass er sich nicht an die religiösen und politischen Regeln gehalten hat. Deshalb beschlossen sie seinen Tod. Sie konnten das aber nicht entscheiden. Das konnte allein der höchste römische Befehlshaber. Der hieß Pontius Pilatus. So kam Jesus zu Pontius Pilatus. Der fragte Jesus: „Bist du der König der Juden?" Jesus antwortete: „Du sagst es." Pilatus sprach das Todesurteil. Denn nur der römische Kaiser konnte jemanden zum König machen. Dann wurde Jesus nach Golgatha gebracht. Dort wurde er mit zwei anderen Männern gekreuzigt.

Kurz vor seinem Tod schrie Jesus: „Mein Gott, mein Gott, warum hast du mich verlassen?" Dann starb Jesus. Ein römischer Hauptmann beaufsichtigte die Hinrichtung. Er sagte: „Wirklich! Dieser ist Gottes Sohn gewesen!"

Einige von den Frauen waren Jesus gefolgt. Sie schauten der Kreuzigung von Ferne zu. Am Abend wurde sein toter Körper vom Kreuz genommen und in ein Grab gelegt. Dann wurde ein großer Stein vor das Grab gerollt. Das Grab wurde von römischen Soldaten bewacht.

8 Die Auferstehung*

(nach dem Lukasevangelium, Kapitel 23,55-24,35)

Die Frauen beobachteten, wie Jesus ins Grab gelegt wurde. Sie sprachen miteinander: „Wir wollen seinen toten Körper salben und ölen." Die Frauen hießen: Maria Magdalena, Johanna und Maria*, die Mutter von Jakobus. Das war ein Freund von Jesus. Doch am nächsten Tag war Sabbat*. Da ruhten sie sich nach dem jüdischen Gesetz* aus. Am Tag darauf gingen sie mit gut riechenden Ölen zum Grab. Sie machten sich Sorgen, wer ihnen den großen Stein vom Grab wegrollen könnte.

Doch als sie beim Grab ankamen, war der Stein weg und das Grab war leer. Die Frauen waren sehr überrascht. Sie wussten nicht, was geschehen war. Da kamen zwei Männer in glänzenden Kleidern. Sie sagten: „Was sucht ihr den Lebendigen bei den Toten? Jesus ist nicht hier, er ist auferstanden!"

Die Frauen gingen zu den anderen Jüngern* und erzählten es ihnen. Doch diese glaubten den Frauen nicht.

✷

Zwei von den Jüngern gingen in den Ort Emmaus zurück. Auf dem Weg waren sie verzweifelt und traurig. Da kam ein dritter Mann dazu und fragte: „Warum seid ihr so traurig?" Die beiden Jünger erzählten ihm alles. Sie sagten: „Wir sind enttäuscht. Wir hatten gehofft, dass mit Jesus eine neue Zeit anfängt und das Reich* von Gott beginnt." Der dritte Mann antwortete: „Es musste so geschehen." Und er erklärte ihnen: „Alles, was passiert ist, steht in der Heiligen Schrift*."

Als es Abend wurde, gingen die beiden in einem Dorf essen. Sie luden den Mann dazu ein. Als sie am Tisch saßen, teilte der Mann das Brot, dankte Gott und gab es ihnen. Da wurde es ihnen ganz klar vor Augen, und sie erkannten: Dieser Mann war Jesus. Doch im nächsten Moment verschwand er vor ihren Augen. Sofort liefen die beiden Jünger zurück nach Jerusalem. Sie erzählten den anderen von dem Gespräch und dem Essen mit dem Mann. Die Jünger riefen: „Jesus ist auferstanden."

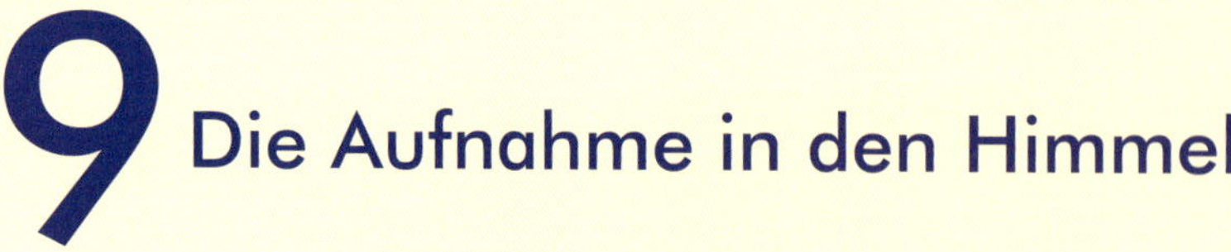

9 Die Aufnahme in den Himmel

Himmelfahrt und Pfingsten

(nach dem Matthäusevangelium, Kapitel 28 und der Apostelgeschichte, Kapitel 2)

Nach seiner Auferstehung* sprach Jesus noch einmal mit seinen Jüngerinnen und Jüngern*. Er sagte: „Ihr seid Zeugen für alles, was geschehen ist. Mein Leben, meine Lehre, mein Tod und meine Auferstehung. Tragt meine Worte in die Welt. Lehrt die Menschen, was ich euch gesagt habe. Tauft sie im Namen von Gott. Gott ist der Schöpfer dieser Welt. Gott ist in Jesus Christus* Mensch geworden. Und Gott ist euch im Heiligen Geist nahe."
Jesus segnete seine Freunde noch einmal. Dann verschwand er vor ihren Augen. Sie sagten: „Er ist in den Himmel aufgefahren."

✸

50 Tage nach der Auferstehung* war in Jerusalem ein großes Fest. Aus allen Teilen der Welt kamen Menschen in die Stadt.

Die Jüngerinnen und Jünger trafen sich in einem Haus. Plötzlich kam ein großer Wind vom Himmel und erfüllte das ganze Haus. Und es sah so aus, als hätten die Jünger kleine Feuerflammen über ihren Köpfen. Denn der Heilige Geist erfüllte sie. Auf einmal konnten sie in ganz vielen verschiedenen Sprachen sprechen. Und sie erzählten den fremden Menschen voller Begeisterung von Jesus.

Die fremden Menschen wunderten sich, dass sie diese Worte in ihren eigenen Sprachen verstehen konnten. Manche waren ratlos, manche hatten Angst. Andere lachten sie aus und sagten: „Die haben zu viel Wein getrunken! Die sind betrunken." Doch die Jünger erzählten von Jesus, seinen großen Taten, seinem Tod und seiner Auferstehung.
Da glaubten viele Menschen an Jesus und ließen sich taufen.
So entstand die erste christliche Gemeinde. Es war der Anfang der Kirche.

Die Aufnahme von Isa* in den Himmel

(nach Sure Nisa 4: 157-159 und Sure Imran 3: 55)

Einige Leute sagten: „Wir haben Isa*, den Sohn von Maryam* und den Gesandten von Allah, getötet.“ – Aber sie haben ihn nicht getötet und erst recht nicht gekreuzigt. Sie meinten das nur so.

Sie haben ihn nicht getötet. Nein, Allah hat ihn zu sich in den Himmel erhoben. Allah ist mächtig und weise*.

Allah sprach zu Isa: „Ich rufe dich nun zu mir und hebe dich in den Himmel hoch. Ich werde dich rein* machen und den Ungläubigen wegnehmen. Wer dir nachfolgt, wird den Ungläubigen bis zum Tag der Auferstehung* überlegen sein.

Dann aber kommt ihr alle zu mir. Ich entscheide dann über euren Streit, den ihr auf der Erde hattet.“

Der Koran und die Hadithe erzählen von Muhammad

1 Was für ein Mensch war Muhammad
und wie sah er aus?

2 Muhammad – der (letzte) Prophet

3 Muhammad und seine Botschaft – der Koran

4 Muhammad findet erste Anhänger
und lehrt die Menschen

5 Wundersame Ereignisse –
die Nachtreise und die Himmelsreise

6 Konflikte um Muhammad

7 Die Auswanderung vom Propheten Muhammad
und seiner Gemeinde zur Stadt Medina

8 Die letzte Reise von Muhammad

9 Der Tod von Muhammad

Was erzählen der Koran und die Hadithe* über den Propheten Muhammad?

Muhammad ist für die Musliminnen und Muslime ein sehr wichtiger Prophet. Es gab schon vor ihm Propheten, zum Beispiel Ibrahim*, Musa* und Isa*. Muhammad ist für die Muslime der letzte Prophet. Er wird auch „Siegel der Propheten*" genannt. Das heißt, nach ihm kommt kein weiterer Prophet. In der Bibel wird nichts über Muhammad erzählt. Im Koran wird er genannt. Für ihn gibt es darin sogar eine eigene Koransure, die Sure Muhammad. Muhammad ist etwas Besonderes, weil Allah ihm den Koran offenbart* hat. Dadurch haben die Menschen den Koran bekommen. Der Koran ist die Heilige Schrift* für die Musliminnen und Muslime.*

Neben dem Koran gibt es noch die Hadithe. In den Hadithen stehen Geschichten darüber, wie Muhammad gelebt hat. Auch die Hadithe sind für die Musliminnen und Muslime sehr wichtig. Im folgenden Kapitel erfährst du aus dem Koran und den Hadithen einiges über das Leben von Muhammad.*

1 Was für ein Mensch war Muhammad und wie sah er aus?

(nach Sure Qalam 68: 4 und nach der Überlieferung von Tirmidhi*)*

Allah spricht im Koran über Muhammad: „Muhammad, du bist wirklich ein großartiger Mensch. Und dafür wirst du belohnt."

Ali* war der Cousin vom Propheten* Muhammad. Er erzählte über ihn: „Muhammad war nicht besonders groß, auch nicht klein. Er war ein mittelgroßer Mensch. Er hatte kein krauses und kein langes Haar. Er war nicht dick und hatte kein volles Gesicht. Seine Wangen waren rund und hatten eine helle rötliche Farbe. Muhammad war ein sehr großzügiger Mensch. Er hatte ein offenes und reines* Herz. Er sagte immer die Wahrheit. Muhammad war ein guter Mensch und hatte das beste Verhalten. Wenn man ihn ansah, hatte man großen Respekt vor ihm. Wer ihn kannte, der mochte ihn sofort. Ich kenne keinen Menschen, der so ist oder war wie Muhammad."

2 Muhammad – der (letzte) Prophet

(nach Sure Alaq 96: 1-5, Sure Muddattir 74: 1-7, Sure Ahzab 33: 40 und der Überlieferung von Buhari*)*

Immer wieder ging Muhammad in eine Höhle. Sie hieß Hira. Dort dachte er über alles nach. Muhammad war unglücklich, weil die Menschen in Mekka* untereinander gemein waren. Sie glaubten nicht an Allah, sondern an viele Götter. Das machte Muhammad traurig. Im Jahr 610 nach der Geburt von Jesus Christus* passierte etwas Wundersames in dieser Höhle. Dort erhielt Muhammad die erste Offenbarung*: Der Engel* Dschibril* erschien ihm und sagte: „Lies!"

„Ich kann nicht lesen", sagte Muhammad. Doch der Engel forderte ihn erneut auf und sprach:

„Lies im Namen von Allah. Er ist dein einziger Schöpfer. Allah ist voller Barmherzigkeit. Er hat dem Menschen Dinge beigebracht, die der Mensch zuvor nicht kannte und wusste."

Dies waren die ersten Worte von Allah für Muhammad. Muhammad wurde dadurch zum Propheten*. Er war 40 Jahre alt. Nach diesem Erlebnis rannte Muhammad nach Hause. Er zitterte heftig. Er lief zu seiner Ehefrau Khadidja* und rief: „Decke mich zu!" Seine Frau legte eine Decke um ihn. Er hörte langsam auf zu zittern. Dann erzählte Muhammad ihr, was geschehen war. Er sagte: „Ich hatte schreckliche Angst." Und Khadidja sagte: „Aber nein, bei Allah! Niemals wird Allah dir schaden! Denn du bist doch immer gut zu deinen Verwandten und deinen Mitmenschen. Du hilfst den Schwachen. Du spendest an Arme und hilfst Menschen, wenn es ihnen schlecht geht."

Nach diesem Gespräch gingen beide zum Cousin von Khadidja. Er hieß Waraqa*. Muhammad erzählte auch ihm, was er in der Höhle erlebt hatte. Waraqa sagte: „Das war bestimmt der Erzengel Dschibril*. Allah hat ihn auch zu Musa* geschickt."

Doch nicht alle Menschen glaubten Muhammad. Sie lehnten seine Botschaft* ab. Die Menschen sagten: „Muhammad ist nur ein Mensch. Wie kann er dann ein Gesandter* von Allah sein?" Muhammad antwortete: „Ich bin nur ein Mensch. Aber Allah hat sich mir offenbart*."

Und Allah sagte zum Propheten Muhammad: „Stehe auf und warne die Menschen. Lobe die Allmacht von Allah. Bleibe munter. Sei geduldig, denn Allah ist bei dir. Du bist der, der allen Menschen auf der Erde von Freude erzählt und sie warnt. Muhammad ist der Gesandte von Allah, das Siegel* der Propheten."

3 Muhammad und seine Botschaft* – der Koran

(nach Sure Nisa 4: 113 , Sure Nahl 16: 44.103, Sure Nur 24: 54, Sure Qiyama 75: 17, Sure Zukhruf 43: 3, Sure Araf 7: 196, Sure Muzzammil 73: 1-5 , Sure Haqqa 69: 41-42 und Sure Anam 6: 50)

Allah spricht im Koran: „Ich habe Muhammad den Koran geschickt. Das Buch ist in arabischer Sprache geschrieben. Die Menschen sollen es verstehen. Ich bin ein Freund und Unterstützer von Muhammad. Folgt dem Gesandten Muhammad und haltet euch an ihn. Ich sage euch seine Botschaft*. Ich habe alles im Koran festgelegt. Der Koran will mit dem Herzen gelesen werden. Ich habe Muhammad die Ermahnung (den Koran) gegeben. Muhammad soll den Menschen erklären, was ich ihnen gegeben habe. Sie sollen darüber nachdenken."

☪

Und Allah sagte zu Muhammad: „Steh zum Gebet* auf. Trage den Koran auf die schönste Art und Weise vor. Ich habe den Koran geschickt. Ich werde dir Worte dafür geben, denn das ist eine wichtige Botschaft*."

☪

Doch viele lehnten die Zeichen von Allah ab. Sie sagten zu Muhammad: „Bring uns einen anderen Koran als diesen oder ändere ihn."

Der Prophet* Muhammad antwortete: „Ich darf und kann den Koran nicht ändern. Ich sage nur das, was Allah mir sagt."

Und Allah sagte: „Muhammad ist kein Dichter. Er ist auch kein Hellseher. Er sagt auch nicht, dass er ein Engel* ist. Muhammad macht nur, was in der Offenbarung* gesagt wurde."

4 Muhammad findet erste Anhänger und lehrt die Menschen

(nach der Überlieferung von Muslim*)*

Ein Mann erzählt, wie er Muhammad das erste Mal trifft:
Ich wusste schon, dass Menschen vieles falsch machen. Ich wusste das, noch bevor ich den Koran kennengelernt habe. Sie beten viele Götter an. Nach einiger Zeit hörte ich von einem Mann aus Mekka*, der von einer neuen Botschaft* von Allah berichtete. Ich stieg auf mein Kamel und machte mich auf den Weg zu ihm. Ich traf ihn in Mekka und fragte:

„Wer bist du?"

„Ich bin ein Prophet.*", sagte er.

„Was ist ein Prophet?", fragte ich dann.

Er antwortete: „Allah hat mich zu seinem Gesandten gemacht und zu den Menschen geschickt."

Ich fragte weiter: „Wozu hat er dich denn geschickt?"

Er sagte: „Er hat mich geschickt, um den Menschen zu sagen, dass Allah einzig ist und dass es keine anderen Götter gibt."

Ich fragte, wer seine Anhänger sind. Und er sagte: „Am Anfang waren es zwei Menschen, die mir glaubten: Abu Bakr* und Bilal."

Durch dieses Gespräch wurde mir klar: Muhammad war kein Lügner. Deshalb vertraute ich ihm.

5 Wundersame Ereignisse – Die Nachtreise und die Himmelsreise

Der Koran ist im Islam das größte Wunder. 23 Jahre lang überbrachte der Engel Dschibril* Muhammad immer wieder neue Offenbarungen*. Erst dann war der Koran fertig.*

Ein weiteres großes Wunder im Leben von Muhammad waren die Nachtreise und die Himmelsreise (Isra und Miradsch*) im Jahr 621 nach Christus.*

Zwei Jahre davor waren seine Frau Khadidja und sein Onkel Abu Talib gestorben. Sie waren immer für Muhammad da gewesen. Das Jahr 619 nach Christus wird daher in der islamischen Geschichte das Jahr der Trauer genannt.*

Die Nachtreise von Muhammad von Mekka nach Jerusalem wird Isra genannt.*

Der Koran erzählt auch die Himmelsreise vom Propheten. Sie wird Miradsch genannt. Das bedeutet: Leiter. Gemeint ist damit der Aufstieg von Muhammad zu Allah. Die Miradsch ist für die Musliminnen und Muslime sehr wichtig. Sie beginnt auf dem Tempelberg* in Jerusalem. Die Himmelsreise wird in den Hadithen* genauer beschrieben.*

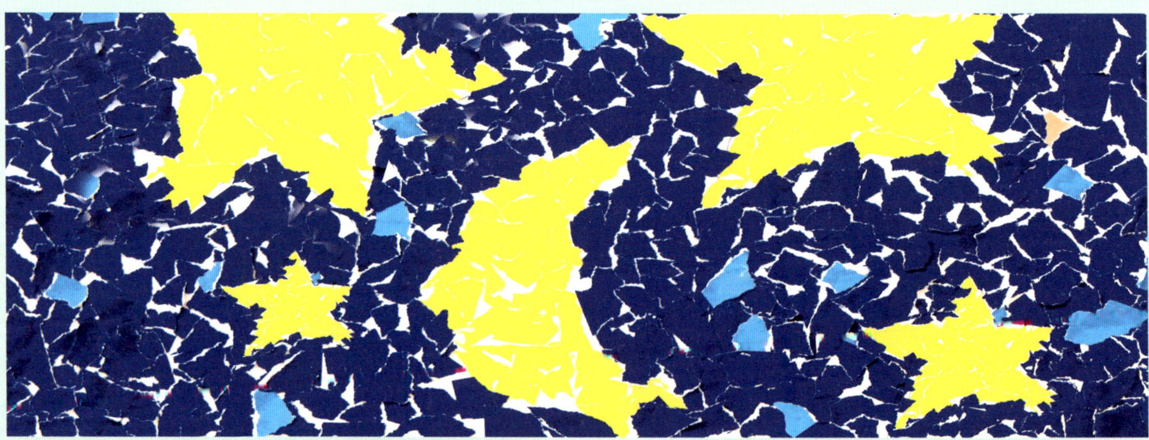

Die Nachtreise

(nach Sure Isra 17: 1)

Allah spricht: „Allah ist der, der seinen Gesandten Muhammad in der Nacht von der Heiligen Moschee* in Mekka* zur al-Aqsa-Moschee* in Jerusalem* führte. Allah hat die Umgebung der al-Aqsa-Moschee gesegnet*. Er hat Muhammad damit ein Zeichen gegeben."

Allah hört und sieht alles.

Die Himmelsreise

(nach der Überlieferung von Buhari* und Muslim*)*

Eines Nachts kam der Engel* Dschibril* zu Muhammad. Dschibril öffnete seine Brust. Er reinigte sie mit dem Wasser Zamzam* und füllte sein Herz mit Glauben und Weisheit*. Der Engel setzte Muhammad auf sein Reittier. Es heißt Buraq*. Er brachte ihn zur al-Aqsa-Moschee*. Muhammad betete in der al-Aqsa-Moschee. Als er herauskam, gab Dschibril ihm zwei Schalen. Die eine Schale war mit Milch gefüllt, in der anderen Schale war Wein. Als Muhammad die Schale mit Milch nahm, sagte Dschibril:

„Du hast so gewählt, wie es Allah bestimmt hat." Danach führte Dschibril Muhammad hoch in den Himmel. Dort traf Muhammad nacheinander die Propheten* Adam*, Isa*, Yusuf*, Idris*, Harun* und Musa*. Zum Schluss begegnete er im siebten Himmel dem Propheten Ibrahim*. Dann trat Muhammad vor Allah. Und Allah erklärte ihm, dass das Gebet* Pflicht ist. Seit diesem Ereignis beten Muslime fünf Mal am Tag.

6 Konflikte um Muhammad

(nach der Überlieferung von Muslim*)*

Muhammad sollte den Menschen die Botschaft* von Allah verkünden und sie zum Islam einladen. Die Bewohner von Mekka* wollten aber darüber nichts hören. Sie beleidigten und beschimpften ihn. Auch in der Umgebung von Mekka glaubten ihm die Menschen nicht. Sie waren zu Muhammad gemein. Ein Beispiel hierfür ist seine Reise in die Stadt Taif*.

Der Prophet* Muhammad reiste in die Stadt Taif. Sie liegt in der Nähe von Mekka. Muhammad wollte den Menschen dort die Botschaft* von Allah bringen. Die Führer von Taif waren zu Muhammad sehr unverschämt. Außerdem hetzten sie mehrere Menschen gegen ihn auf. Sie beschimpften Muhammad und warfen mit Steinen nach ihm. Muhammad flüchtete in einen Obstgarten. Die Menschen stellten sich auf beide Straßenseiten. Sie bewarfen ihn mit Steinen. Seine Füße wurden verletzt und bluteten. Darüber war Muhammad sehr traurig. In diesem Moment bat er Allah um Hilfe und sagte dieses Gebet*: „O Allah, ich bin schwach. Ich habe keinen sicheren Ort. Die Menschen beleidigen mich. Du bist der Gnädigste. Du bist der Herr, der den Schwachen hilft. Du bist mein Meister. Wem willst Du mich ausliefern? Einem bösen Fremden? Oder einem Feind, der über mich bestimmt? Wenn ich bei Dir nichts wert bin, stört mich das nicht, denn Du bist bei mir. Ich suche Schutz bei Dir, damit durch Dich das Dunkel verschwindet. Alles auf dieser und der nächsten Welt wird in Ordnung gebracht. Du bist nicht wütend auf mich und nicht unzufrieden mit mir. Ich brauche nur Deine Zufriedenheit. Du gibst mir die Kraft, Gutes zu tun und das Böse zu vermeiden. Kraft und Macht gibt es nur, wenn sie von Dir kommt."

Da schickte Allah den Engel* der Berge. Er bat den Propheten Muhammad um Erlaubnis, die beiden Berge zusammenzuschieben und die Stadt Taif zu zerstören. Muhammad aber antwortete: „Nein! Denn ich hoffe, dass Allah diesen Menschen Kinder gibt. Diese werden Allah allein anbeten." Die Stadt Taif wurde deshalb nicht zerstört.

7 Die Auswanderung vom Propheten Muhammad und seiner Gemeinde zur Stadt Medina*

(nach der Überlieferung von Muslim*)*

Die Bewohner von Mekka* verfolgten und unterdrückten Muhammad und seine Anhänger. Die Frau von Muhammad und sein Onkel Abu Talib waren gestorben. Muhammad hatte keinen Schutz mehr von seiner Familie.
In Mekka waren er und seine Anhänger nicht mehr sicher. Deshalb verließen sie im Jahr 622 nach Christus Mekka und gingen in die Stadt Medina*. Diese Auswanderung nach Medina wird Hidschra genannt. Mit der Auswanderung beginnt für Musliminnen und Muslime die islamische Zeitrechnung*.

In Medina wurden die Musliminnen und Muslime von den Menschen herzlich empfangen. Hier wurde die erste muslimische Gemeinschaft gegründet. Sie heißt Umma. In Medina baute Muhammad die erste Moschee.

Über die Stadt Medina sagte der Prophet* Muhammad:
„Medina ist ein sicherer Ort für die Menschen. Wer dort den Menschen etwas Böses tut oder einen Menschen bei einer schlechten Tat unterstützt, der wird von Allah und seinen Geschöpfen* verflucht*. Auch am Tag der Auferstehung* wird diese Tat nicht vergessen."

Als Allah Himmel und Erde geschaffen hat, erklärte er Medina für eine sichere Stadt. Deshalb darf bis zum Tag der Auferstehung* niemand der Stadt Medina etwas antun. Ihre Dornen dürfen nicht geschnitten werden. Ihre Jagdtiere dürfen nicht verscheucht werden. Wer etwas findet, darf es nicht einfach behalten. Und die Pflanzen dürfen nicht ausgerissen werden.

8 Die letzte Rede von Muhammad (Die Abschiedspredigt)

(nach Sure Maida 5: 3 und nach der Überlieferung von Buhari* und Muslim*)*

Im Jahr 632 nach Christus ging der Prophet* Muhammad auf seine letzte Pilgerfahrt* von der Stadt Medina* zur Stadt Mekka*. Diese Pilgerfahrt heißt Hadsch. Kurz vor seinem Tod sprach Muhammad ein letztes Mal zu seiner Gemeinde und sagte Folgendes:

„Hört mir genau zu, denn ich weiß nicht, ob ich nächstes Jahr noch leben werde. Deshalb hört mir genau zu und erzählt alles denen weiter, die heute nicht hier sind. So wie ihr diesen Monat und diesen Tag und diese Stadt als heilig* anseht, so seht auch das Leben als heilig an. Auch das, was jedem Muslim gehört, ist heilig. Es ist ein Geschenk. Seid ehrlich und gebt Dinge, die euch nicht gehören, zurück.

Schadet niemandem, damit euch niemand schadet. Denkt immer daran, dass ihr Allah begegnen werdet und dass er eure Taten prüfen wird. Allah hat euch verboten, dass ihr Geld für das Verleihen von Geld nehmt. Daher soll niemand Geld für das Verleihen von Geld nehmen. Das geliehene Geld sollt ihr aber zurückbekommen. Ihr sollt weder etwas Ungerechtes machen, noch soll es euch passieren.

Betet nur zu Allah. Betet fünf Mal täglich. Fastet im Monat Ramadan* und spendet Zakat* aus eurem Vermögen. Geht auf die Pilgerfahrt, wenn ihr das Geld dazu habt.

Wir Menschen stammen von Adam* und Hawwa* ab. Alle Menschen sind gleich. Niemand ist einem anderen überlegen. Menschen unterscheiden sich in ihrem Glauben und in ihrem Tun. Und lernt, dass die Muslime eine Gemeinschaft sind.

Keinem Muslim ist es erlaubt, etwas von anderen wegzunehmen. Es sei denn, er gibt es ihm freiwillig. Deshalb tut euch selbst kein Unrecht an.

Denkt daran, dass ihr Menschen eines Tages vor Allah stehen werdet. Er wird euch nach euren Taten befragen. Also passt auf und verhaltet euch richtig. Nach mir wird kein Prophet mehr kommen. Es wird keine neue Religion mehr geben. Überlegt daher genau und hört die Worte von Allah. Ich werde euch nach meinem Tod zwei Dinge hinterlassen: den Koran und mein Beispiel, die Sunna*. Wenn ihr tut, was im Koran und in der Sunna steht, dann werdet ihr euch nie irren. Die, die mir genau zuhören, sollen diese Worte den anderen erzählen. Sie sollen sie anderen weitererzählen. Und da kann es sein, dass die Letzten die Worte besser verstehen als jene, die mir zuerst zugehört haben."

So beendete der Prophet Muhammad seine letzte Rede. Und dann folgte die letzte Offenbarung* von Allah:

„... Nun ist eure Religion fertig. Durch meine Gnade* findet ihr den richtigen Weg."

9 Der Tod von Muhammad

(nach Sure Imran 3: 144)

Nachdem der letzte Koranvers offenbart worden war, starb der Prophet* Muhammad in der Stadt Medina*. Er wurde 63 Jahre alt. Viele von seinen Anhängern waren über seinen Tod sehr traurig. Einige Musliminnen und Muslime wollten es nicht glauben. Sie glaubten, dass Muhammad zurückkehren wird. Sie meinten, dass er unsterblich ist. Doch sein Freund Abu Bakr* antwortete ihnen:

„Ihr Menschen! Ihr könnt Muhammad nicht anbeten, denn Muhammad ist tot. Wenn jemand aber Allah anbetet, dann ist das richtig, denn Allah lebt und wird nie sterben! Muhammad ist nur ein Gesandter* von Allah. Vor ihm sind bereits Gesandte gestorben. Wenn Muhammad nun stirbt oder getötet wird, werdet ihr Menschen dann eure Religion verlassen? Wer das macht, dem wird Allah keinen Schaden zufügen. Aber Allah wird diejenigen, die an ihm festhalten, belohnen."

Als die Menschen diesen Koranvers hörten, glaubten sie Abu Bakr*. Sie wussten, dass er Recht hatte und Muhammad gestorben war.

Die letzte Sure vom Koran in schöner Schrift geschrieben.

Wie Menschen ihren Glauben zeigen und leben

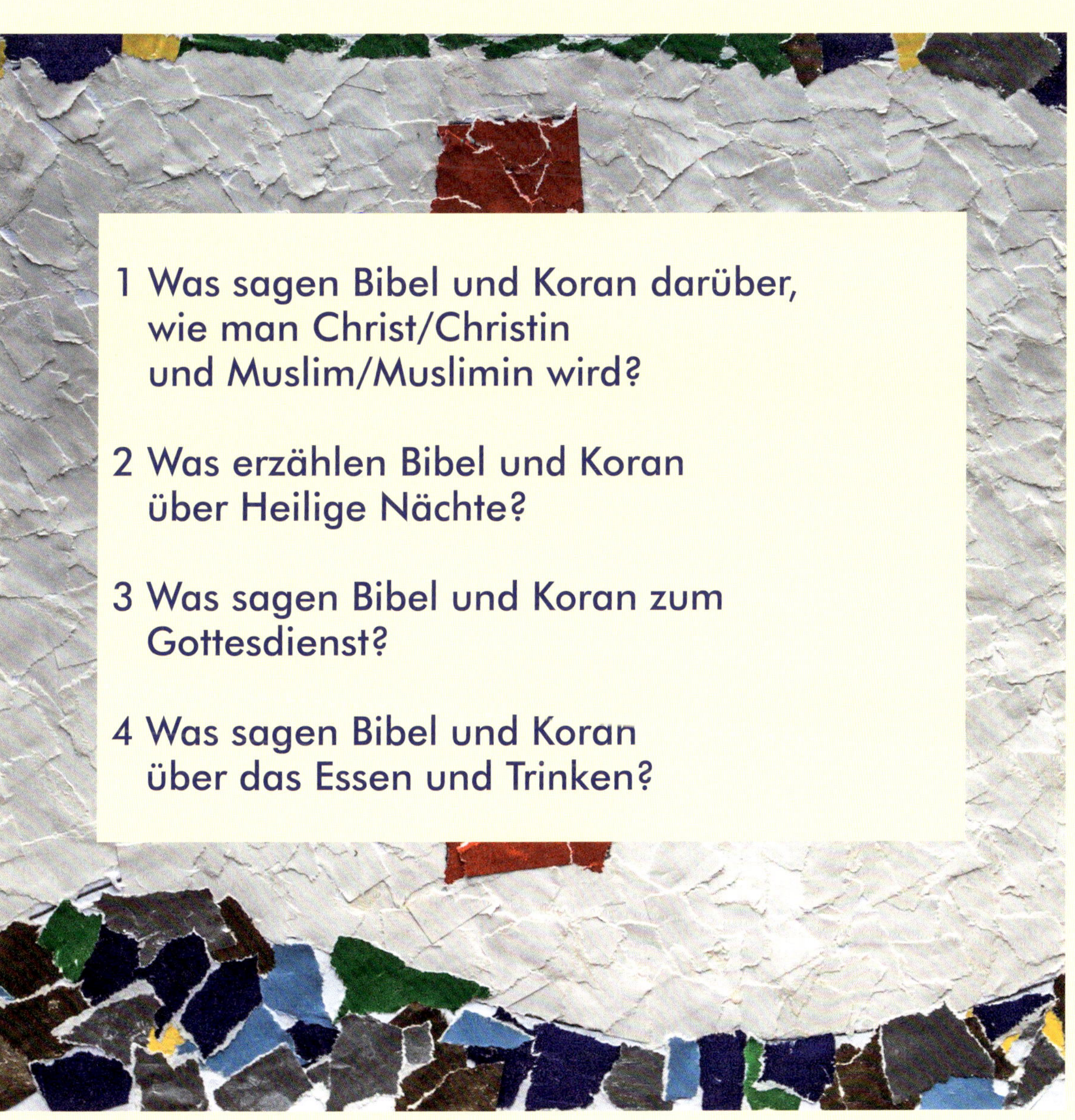
1 Was sagen Bibel und Koran darüber,
wie man Christ/Christin
und Muslim/Muslimin wird?
2 Was erzählen Bibel und Koran
über Heilige Nächte?
3 Was sagen Bibel und Koran zum
Gottesdienst?
4 Was sagen Bibel und Koran
über das Essen und Trinken?

1 Was sagt die Bibel darüber, wie man Christ/Christin wird?

Christ/Christin werden

Mit der Taufe wird ein Mensch Christ/Christin. Dadurch gehört er automatisch zur Gemeinschaft aller Christinnen und Christen. Alle Christinnen und Christen werden getauft. Die Taufe bleibt immer gültig.

Die Taufe ist etwas ganz Besonderes. Sie ist ein Sakrament. In der Taufe kommt Gott den Menschen ganz nahe.*

Jesus wurde auch getauft. Darüber könnt ihr im Jesus-Kapitel (Seite 102) mehr lesen. Jesus hat zu seinen Jüngern und Jüngerinnen gesagt, dass sie auch taufen sollen. Diese Rede nennt man Taufbefehl. Sie wird vor jeder Taufe vorgelesen. Dann gießt ein Pfarrer oder eine Pfarrerin dem Täufling* etwas Wasser über den Kopf. Dann wird zu dem Täufling ein Taufspruch gesagt. Es ist ein Vers aus der Bibel. Dieser Spruch soll für den Täufling eine Hilfe im Leben sein.*

Der Taufbefehl

(nach dem Matthäusevangelium, Kapitel 28,18-20)

Jesus sagte zu seinen Jüngern* und Jüngerinnen:
„Gott hat mir die ganze Macht im Himmel und auf der Erde gegeben! Geht nun zu allen Völkern und macht die Menschen zu meinen Jüngern und Jüngerinnen: Tauft sie im Namen des Vaters, des Sohnes und des Heiligen Geistes! Und bringt ihnen alles bei, was ich euch gesagt habe. Ich verspreche euch: Ich bin immer bei euch, jeden Tag, bis zum Ende der Welt!"

Was sagt der Koran darüber, wie man Muslim/Muslimin wird?

Muslim/Muslimin werden

Um Muslim/Muslimin zu werden, reicht es, das Glaubensbekenntnis aufzusagen und dabei ehrlich zu sein. Das Glaubensbekenntnis ist auch das Erste, was einem neugeborenen Baby als Gebet ins Ohr geflüstert wird. Wenn jemand stirbt, sind es seine letzten Worte.*

Das Glaubensbekenntnis (Schahada)

„Ich bezeuge: Es gibt keinen Allah außer Allah. Ich bezeuge, dass Muhammad der Gesandte von Allah ist."

Die sechs Glaubensgrundsätze*

Die sechs Glaubensgrundsätze spielen im Leben der Muslime und Musliminnen eine wichtige Rolle. Die Glaubensgrundsätze sind im Gebet* „Amantu" zusammengefasst. Amantu bedeutet „Ich glaube". So heißt es: „Ich glaube an Allah, seine Engel*, seine Bücher, seine Propheten* und den Jüngsten Tag* und die Vorherbestimmung*. Allah weiß über das Gute und Böse Bescheid."

Bekannte Taufsprüche

Überall, wo ich bin, bist du [Gott] und beschützt mich.
(nach Psalm 139,5)

Ich [Gott] will dich segnen, und du sollst ein Segen* sein.
(1. Buch Mose, Kapitel 12,2)

Gott hat uns nicht die Angst gegeben, sondern Kraft und Liebe und Geduld.
(Zweiter Brief des Timotheus, Kapitel 1,7)

Ich danke dir [Gott], dass ich wunderbar gemacht bin. Wunderbar sind deine Werke. Das erkennt meine Seele*.
(Psalm 139,14)

Lass dich nicht vom Bösen besiegen, sondern besiege das Böse mit Gutem.
(Brief an die Römer, Kapitel 12,21)

Denn er [Gott] hat seinen Engeln* befohlen, dass sie dich behüten auf allen deinen Wegen.
(Psalm 91,11)

Die Schahada im Koran

(nach Sure Baqara 2: 255)

„Es gibt keinen Allah außer Allah, dem Lebendigen, dem Beständigen. Er braucht keinen Schlummer und keinen Schlaf. Ihm gehört alles, was im Himmel und was auf der Erde ist. Allah weiß, was die Menschen erlebt haben und erleben werden. Allah regiert über den Himmel und die Erde und es fällt Ihm nicht schwer, sie zu behüten. Er ist der Erhabene und der Majestätische*."

2 Was erzählt die Bibel über die Heilige Nacht?

Im Christentum gibt es zwei Geschichten über Weihnachten. Eine steht im Lukasevangelium. Du findest sie in diesem Buch im Kapitel zu Jesus (Seite 100). Die andere steht im Matthäusevangelium. Darin spielen die drei Weisen aus dem Morgenland eine große Rolle. Beide Geschichten werden oft bei Krippenspielen an Heiligabend oder in Bildern zum Thema Weihnachten zusammen dargestellt.*

Die drei Weisen* aus dem Morgenland

(nach dem Matthäusevangelium, Kapitel 1,18-2,12)

Die Geburt von Jesus Christus* wird so erzählt: Maria* und Josef* waren miteinander verlobt. Maria wurde schwanger, ohne dass Josef sie berührt hatte. Das kam Josef merkwürdig vor. Aber der Engel* von Gott erklärte ihm alles: „Maria wird einen Sohn bekommen und er soll Jesus heißen. Er wird ein Retter und König sein!" Und Josef vertraute dem Engel. Er blieb bei Maria. Als sie einen Sohn geboren hatte, nannte er ihn Jesus.
Zur gleichen Zeit kamen drei Weise aus dem Morgenland nach Jerusalem. Sie konnten die Sterne erklären. Am Himmel hatten sie einen Stern gesehen. Dem waren sie gefolgt. Sie dachten, dass der Stern ein Hinweis auf einen neugeborenen König war. Sie gingen zu König Herodes und fragten ihn nach diesem neuen König. Er wurde sehr ärgerlich, denn er wollte keinen anderen König neben sich haben. Schnell fand er heraus, dass der neue König in Bethlehem geboren war. Er schickte die Weisen dorthin. Sie sollten bald zurückkommen und ihm von diesem Kind erzählen. Das machte er aber nur deshalb, weil er das Kind umbringen wollte.
Die Weisen folgten dem Stern bis nach Bethlehem. Als sie dort ankamen, fanden sie das neugeborene Kind in einem Stall. Es war Jesus. Er lag in einer Krippe. Sie schenkten ihm und seiner Mutter Maria Gold, Weihrauch* und Myrrhe*. Danach gingen die drei Weisen wieder zurück in ihre Heimat. Bei Herodes gingen sie nicht mehr vorbei, denn Gott hatte sie im Traum vor Herodes gewarnt.

Was erzählt der Koran über die Heilige Nacht?

In der Nacht der Bestimmung denken die Muslime und Musliminnen an die besonderen Nächte im Monat Ramadan. Die Nacht der Bestimmung erinnert an die Nacht, in der Allah dem Propheten* Muhammad zum ersten Mal Teile vom Koran mitteilte. In dieser Nacht ist es wichtig, zu beten und aus dem Koran zu lesen. Im Koran gibt es für diese Nacht eine eigene Sure.*

Die Nacht der Bestimmung

(nach Sure Qadr 97: 1-5)

Allah sagt: „Der Koran ist in der Nacht der Bestimmung hinabgesandt worden. Weißt du etwas über diese Nacht? Sie ist wertvoller als alle anderen Nächte. In großer Zahl kommen die Engel* in dieser Nacht auf die Erde herunter und bringen die Botschaft* von Allah. In dieser Nacht gibt es bis zum nächsten Morgen nur Frieden."

3 Was sagt die Bibel zum Gottesdienst?

Christinnen und Christen feiern sonntags Gottesdienst. Denn Jesus Christus* ist an einem Sonntag von den Toten auferstanden. Zu den Gottesdiensten gehörte damals wie heute das Abendmahl. In der katholischen Kirche heißt das Abendmahl Eucharistie.

Gottesdienst und Abendmahl*

(nach dem ersten Brief an die Gemeinde in Korinth, Kapitel 11)

Paulus hörte von Streit in der Gemeinde in Korinth. Die Korinther stritten sich darüber, wie sie richtig Gottesdienst und Abendmahl feiern sollen. Daher schrieb Paulus einen Brief an die Gemeinde:

„Erinnert euch, wie Jesus mit seinen Jüngerinnen und Jüngern* zusammen gegessen und das Essen geteilt hat. Kurz vor seinem Tod feierte er zusammen mit ihnen noch das Passahmahl. Das ist das Festessen vor dem Passahfest*.

Doch was macht ihr? Jeder isst für sich. Wer viel hat, isst viel. Wer wenig hat, bleibt hungrig. Die Reichen machen die Armen neidisch. Wenn ihr euch trefft, sind einige sogar betrunken. Das geht so nicht. Das macht ihr falsch.

Ich will euch noch mal sagen, wie es damals bei Jesus war: Als Jesus spürte, dass er bald sterben würde, feierte er mit seinen Jüngerinnen und Jüngern das Passahmahl. Jesus nahm das Brot, er dankte Gott und brach es in viele Stücke. Er gab allen davon etwas ab. Dann nahm er einen Becher Wein. Er dankte Gott und gab allen davon etwas zu trinken. Jesus sagte: ‚Teilt immer miteinander Brot und Wein. Wenn ihr das macht, bin ich bei euch und unter euch. So entsteht Gemeinschaft und das neue Leben.' Das ist der neue Bund*."

Was sagt der Koran zum Gottesdienst?

Der Freitag ist der wichtigste Wochentag im Leben der Musliminnen und Muslime. Freitag heißt im arabischen Dschuma, das bedeutet: zusammenkommen. Am Freitag kommen Musliminnen und Muslime zusammen, um zu beten. Im Koran wird beschrieben, wie sie beten sollen.

Der Freitag und das gemeinsame Gebet*

(nach Sure Dschumua 62: 9, Baqara 2: 144, Nisa 4: 103, Ta-Ha 20: 130, Rum 30: 18, Baqara 2: 186, Maida 5: 6, Isra 17: 110, Baqara 2: 58 und 2: 152-153 nach der Überlieferung von Muslim)

Allah sprach zu den Menschen: „Wenn man euch freitags zum Gebet ruft, dann schließt die Geschäfte und beeilt euch, um an Allah zu denken. Das ist das Beste für euch.
Dreht eure Gesichter beim Gebet in Richtung Mekka*. Allah hat die Gebetsrichtung festgelegt hin zur heiligen Moschee*. Für alle Gläubigen gibt es festgelegte Zeiten zum Beten. Lobt Allah vor Sonnenaufgang und Sonnenuntergang. Lobt Allah auch in der Nacht und lobt ihn zur Mittagszeit. Allah antwortet allen, die zu ihm rufen. Denn Allah ist den Menschen sehr nah.
Bevor ihr euch zum Gebet aufstellt, wascht vorher euer Gesicht, eure Hände und Füße.
Wenn ihr auf Reisen oder krank seid oder kein Wasser finden könnt, dann nehmt sauberen Sand und streicht ihn über euer Gesicht. Allah macht euch rein* in seiner Gnade*. Er vergibt euch und ihr sollt ihm dankbar sein.

Der Prophet* Muhammad sagte über den Freitag (nach der Überlieferung* von Muslim): „Der beste Tag, an dem die Sonne aufgeht, ist der Freitag. Adam* wurde an diesem Tag erschaffen. Er war an diesem Tag im Paradies*. Und wieder an einem Freitag wurde Adam aus dem Paradies herausgeschickt. Auch das Jüngste Gericht* wird an diesem Tag anbrechen."

4 Was sagt die Bibel über das Essen und Trinken?

Menschen essen und trinken jeden Tag. Im Christentum gibt es keine Gebote und Verbote über das Essen und Trinken. In der Bibel steht eine Geschichte von Petrus und Kornelius. Dort wird erzählt, warum das im Christentum so ist.*

Aber auch Christinnen und Christen fasten. Zwischen den einzelnen Christen gibt es aber Unterschiede. Katholische Christinnen und Christen fasten in der Zeit zwischen Aschermittwoch und Ostern. Orthodoxe Christinnen und Christen fasten dann ebenfalls. Daneben fasten sie auch noch vor Weihnachten und Maria Himmelfahrt. Evangelische Christinnen und Christen suchen sich aus, ob sie fasten und worauf sie verzichten wollen.*

Die Geschichte vom Hauptmann Kornelius

(nach der Apostelgeschichte, Kapitel 10)

Kornelius lebte in der Stadt Cäsarea. Er war ein römischer Hauptmann. Er war sehr gläubig und betete viel. Er tat viel Gutes und gab armen Menschen immer etwas ab. Plötzlich sah Kornelius einen Engel*. Der Engel sagte zu ihm: „Gott sieht alles, was du Gutes tust. Lass Petrus zu dir kommen. Er ist gerade in dem Dorf Joppe und kann dir viel über Jesus erzählen." Da schickte Kornelius drei Männer nach Joppe. Sie sollten Petrus holen.

Petrus war bei einem Freund. Er saß auf dem flachen Dach seines Hauses und betete. Da bekam er Hunger. Petrus hatte eine Erscheinung. Das ist so ähnlich wie ein Traum. Er sah, wie aus dem Himmel ein Tuch heruntergelassen wurde. Auf dem Tuch waren viele verschiedene Tiere. Manche dieser Tiere waren für fromme jüdische Menschen verboten. Sie galten als unrein*. Eine Stimme sagte: „Schlachte die Tiere und iss sie!" Petrus

Was sagt der Koran über das Essen und Trinken?

Im Islam gibt es Regeln, was Musliminnen und Muslime essen dürfen und was nicht. Die Texte aus dem Koran erklären die Speiseregeln und die Fastenregeln*. Im Islam wird im Monat Ramadan* gefastet.

Über das Essen und Trinken im Koran

(nach Sure Baqara 2: 172-173 und 183ff in Auszügen)

Allah spricht: „Oh, ihr Gläubigen! Esst von den guten Dingen, mit denen Allah euch versorgt, und dankt Allah dafür. Verboten hat Allah nur tote Tiere, die nicht geschlachtet wurden, Blut, Schweinefleisch und Fleisch, das nicht im Namen von Allah geopfert* wurde. Wenn ihr aber gezwungen seid, diese Dinge zu essen, ohne dass ihr das wollt, dann ist das keine Sünde*. Denn Allah ist freundlich."

Allah spricht weiter: „Oh, ihr Gläubigen! Ihr sollt fasten*, genauso wie die Menschen, die vor euch gelebt haben, fasten sollten. Ihr müsst eine bestimmte Anzahl an Tagen fasten. Ihr sollt im Monat Ramadan* fasten. Denn im Ramadan wurde der Koran herabgesandt, damit ihr Menschen wisst, was richtig und was falsch ist. Wer zu Hause ist, soll fasten. Wer unterwegs ist, kann das Fasten verschieben. Wer krank ist, muss nicht fasten, sondern er kann die Tage nachholen. Denn Allah will es euch leicht machen und nicht schwer."

„Esst und trinkt, bis die Sonne aufgeht, und fastet so lange, bis die Sonne wieder untergeht."

antwortete: „Nein, das will ich nicht. Ich habe noch nie etwas Unreines gegessen." Da sagte die Stimme: „Was Gott für rein* erklärt hat, nenne nicht unrein." Das passierte dreimal. Dann wurde das Tuch mit den Tieren wieder in den Himmel gehoben.

Petrus fragte sich: Was hat das zu bedeuten?

Da kamen die Männer von Kornelius. Sie baten Petrus, nach Cäsarea zu kommen. Am nächsten Tag ging Petrus mit ihnen zu Kornelius.

Als Kornelius Petrus von Ferne sah, ging er zu ihm und fiel vor ihm auf die Knie. Doch Petrus sagte: „Steh auf! Auch ich bin nur ein Mensch." Petrus erklärte: „Eigentlich sollen jüdische fromme Menschen nicht einfach mit nichtjüdischen oder fremden Menschen Kontakt haben. Doch Gott hat mir gezeigt: Kein Mensch ist unrein* oder unheilig*."

Kornelius erzählte Petrus von dem Engel. Da sagte Petrus: „Nun verstehe ich: Gott liebt die Menschen, die Gott lieben und das Richtige tun. Es ist egal, aus welchem Volk sie sind! Ich will dir gerne von Jesus erzählen."

Petrus erzählte alles über Jesus, was er wusste. Kornelius und seine Freunde ließen sich taufen.

GLOSSAR

Ein Glossar ist eine Liste mit schwierigen Wörtern. Du findest hier die schwierigen Wörter mit Sternchen (*) aus dem Lesebuch. Sie sind nach dem Alphabet sortiert. Sie werden hier erklärt.

Aaron: Aaron ist das deutsche Wort für Harun. Aaron ist der Bruder von Mose.

Abel: Abel ist das deutsche Wort für Habil.

Abendmahl: Das Abendmahl erinnert an das Essen von Jesus mit seinen Jüngern am Abend vor seinem Tod. Es ist ein → Sakrament und wird oft im Gottesdienst gefeiert.

Abraham/Abram: Abraham ist das deutsche Wort für Ibrahim. In der Bibel änderte Gott den Namen Abram in Abraham.

Abu Bakr: Er ist einer von den ersten Anhängern und ein guter Freund von Muhammad.

Abu Talib: Abu Talib ist ein Onkel von Muhammad.

Adam: In Bibel und Koran ist Adam der erste Mensch. Im Islam gilt er als der erste Prophet, im Christentum nicht.

Allah: Allah ist das arabische Wort für Gott.

Ali: Ali ist einer von den ersten Anhängern von Muhammad. Er ist auch sein Cousin und sein Schwiegersohn.

Ähre: Die Ähre ist der oberste Teil beim Getreide. Dort sitzen die Körner.

al-Aqsa-Moschee: Die al-Aqsa-Moschee ist eine von den wichtigsten Moscheen im Islam. Sie ist in Jerusalem.

Altar: Ein Altar ist ein höherer Tisch. Dort betet man zu Gott. Meistens ist ein Altar aus Steinen gebaut.

Arabisch: Arabisch ist eine Sprache, die in der Gegend, in der Muhammad lebte, gesprochen wird.

Auferstehung: Auferstehung bedeutet, dass Gott jemanden nach seinem Tod zu einem neuen Leben im Himmel auferweckt.

Aussätzige, Aussätziger: Ein Aussätziger ist jemand, der eine ansteckende (Haut-)Krankheit hat. Früher musste dieser Mensch getrennt von anderen Menschen leben.

Barmherzigkeit: Barmherzigkeit bedeutet Güte. Barmherzigkeit Gottes meint: Gott behandelt die Menschen freundlich. Er weiß, was sie brauchen. Gott verzeiht ihre Fehler.

beschnitten: Bei jüdischen Jungen wird ein kleines Hautstückchen am männlichen Glied abgeschnitten. Die Beschneidung gibt es auch im Islam.

Botschaft, frohe Botschaft: Botschaft ist ein Wort dafür, was Jesus erzählt hat. Er wollte den Menschen Mut machen. Er wollte sie froh machen. Deshalb heißt es auch manchmal frohe Botschaft.

Buhari: Buhari war ein bedeutender islamischer Lehrer. Er hat auch viele wichtige Hadithen gesammelt.

Bund, Bund schließen: Ein Bund ist so etwas wie ein Vertrag. Einen Bund schließen bedeutet, einen Vertrag mit jemandem zu machen.

Buraq: Buraq ist ein Reittier im Islam. Es kommt in der Geschichte von der Nachtreise von Muhammad vor.

Buße: Wenn jemand sich nicht an die Gebote von Gott gehalten hat, tut ihm das manchmal leid. Er will sich ändern und es wieder gut machen. Das nennt man Buße.

Christus: Christus ist ein Name für Jesus. Christus kommt eigentlich von dem griechischen Wort Christos. Christos bedeutet, dass Gott jemanden zum König macht.
Dabei gießt jemand dem König Öl auf den Kopf. Jesus Christus war also so etwas wie ein König.

Dschibril: Dschibril ist der arabische Name für den Engel Gabriel. Er brachte Muhammad die erste Offenbarung.

ehren: Ehren bedeutet, jemanden zu loben, ihn anzuerkennen oder ihn zu achten.

Engel: Ein Engel ist ein Bote von Gott. Er bringt Nachrichten von Gott zu den Menschen.

entehren: Entehren bedeutet, jemanden herabzusetzen, ihn zu missachten oder ihn zu blamieren.

Eva: Eva ist das deutsche Wort für Hawwa.

Evangelium: Evangelium bedeutet frohe Botschaft. Es ist die frohe Botschaft von Jesus.

fasten, Fastenregeln: Viele Menschen fasten. Dann essen sie eine Zeit lang weniger oder gar nichts. Oder sie essen nur zu bestimmten Zeiten. Manchmal entscheiden sie sich, bestimmte Sachen nicht zu tun oder zu essen, die sie besonders gern mögen. Sie machen das freiwillig oder weil es in ihrer Religion eine Vorschrift ist. Im Islam ist das Fasten eine von den 5 Säulen. Im Christentum gibt es keine Vorschrift für das Fasten. Trotzdem machen es viele Menschen. Mehr dazu kannst du auf den Seiten 146 und 147 lesen.

Gabriel: Gabriel ist das deutsche Wort für Dschibril.

Garten Eden: Mit dem Garten Eden ist das Paradies gemeint.

Gebet: Das Gebet ist eine von den fünf Säulen im Islam. Muslime beten fünfmal täglich in Richtung Mekka. Für Christen ist das wichtigste Gebet das Vaterunser.

Gebot: Gebote sind Gesetze, Regeln und Vorschriften von Gott.

Gesandter: Im Islam wird unterschieden zwischen den Gesandten *(rasul)* und den Propheten *(nabi)*. Gesandte sagen den Menschen, was Allah will. Gesandte haben ein Buch oder eine Schrift von Allah bekommen, wie z.B. Musa die Thora, Isa das Evangelium und Muhammad den Koran.
Auch Propheten sagen den Menschen, was Allah will. Sie haben aber kein Buch und keine Schrift bekommen.
Deshalb ist jeder Gesandte ein Prophet, aber nicht jeder Prophet ist ein Gesandter.

Geschöpf: Geschöpfe von Allah und Gott sind Menschen, Tiere und Pflanzen.

Gesetz: Mit dem Gesetz sind alle Gebote von Gott gemeint, die im Alten Testament stehen.

Geist (Gottes): Der Geist Gottes ist unsichtbar. Den Geist Gottes kann man nicht sehen, aber spüren. Er ist so etwas wie die Kraft, die Gott gibt.

Geister (böse): Im Neuen Testament wird von Menschen erzählt, die böse Geister haben. Jesus befreit die Menschen von den bösen Geistern. Wenn Menschen böse Geister haben, sind ihre Gedanken krank.

Geschwüre: Geschwüre sind so etwas wie Beulen, die eitern können.

Glaubensgrundsatz: Glaubensgrundsätze beschreiben wichtige Inhalte einer Religion. Es sind Sätze, die sagen, was Menschen glauben sollen.

Gleichnis: Ein Gleichnis ist eine Geschichte in der Bibel, mit der Jesus den Menschen das Reich von Gott erklärt.

Gnade: Gnade bedeutet, dass Gott einem verzeiht oder jemand anders einem verzeiht.

Götze: Götze ist ein falscher Gott. Manchmal machen sich Menschen Bilder von ihren falschen Göttern. Diese nennt man dann Götzenbilder.

Goschen: Goschen ist ein Gebiet in Ägypten. Gott gab es Jakob und seiner Familie zum Leben.

Habil: Habil ist das arabische Wort für Abel.

Hadithe: Hadithe sind Sprüche von Muhammad, die aufgeschrieben sind. Sie erzählen davon, was Muhammad gesagt und wie er gehandelt hat.

Harun: Harun ist das arabische Wort für Aaron. Aaron ist ein Prophet im Islam. Er ist der Bruder von Musa.

Hawwa: Hawwa ist das arabische Wort für Eva.

Hebräisch: Hebräisch ist eine Sprache. Das heilige Buch der Juden ist auf Hebräisch geschrieben und heißt Tanach.

heilig: Im Christentum bedeutet heilig: Etwas ist Gott sehr nah. Im Islam bedeutet heilig: Etwas gehört zu Allah.

Heiliger Geist: Der Heilige Geist ist der Geist Gottes.

Heilige Moschee: Eine Moschee ist das Gebetshaus und der Treffpunkt für Muslime. Hier feiern sie ihren Gottesdienst.

Heilige Schrift: Das Judentum, das Christentum und der Islam besitzen jeweils eine eigene Heilige Schrift. Darin steht, was Gott den Menschen sagt und was die Menschen mit Gott erlebt haben.

Henoch: Henoch ist das deutsche Wort für Idris.

Hölle/Höllenfeuer: Das ist ein Ort nach dem Tod, an dem man Gott sehr fern ist oder an dem man für seine schlechten Taten bestraft wird. Muslime glauben an eine Vorstellung von Himmel und Hölle. Die Hölle stellen sich viele wie ein riesiges brennendes Feuer vor.

Horeb: Horeb ist ein Berg in der Nähe von Ägypten. Auf diesem Berg ist Mose Gott begegnet. Der Berg wird auch Sinai genannt.

Ibrahim: Ibrahim ist das arabische Wort für Abraham.

Idris: Idris ist das arabische Wort für Henoch. Henoch ist viele Jahre nach Adam geboren. Er war ein frommer Mann.

Isa: Isa ist das arabische Wort für Jesus.

Isaak: Isaak ist das deutsche Wort für Ishaq.

Ishaq: Ishaq ist das arabische Wort für Isaak.

Islamische Zeitrechnung: Die islamische Zeitrechnung rechnet mit Mondjahren. Sie beginnt im Jahr 622 n.Chr. In diesem Jahr wanderten der Prophet Muhammad und seine Anhänger von Mekka nach Medina aus. Auswanderung heißt auf Arabisch Hidschra.

Ismael: Ismael ist das deutsche Wort für Ismail.

Ismail: Ismail ist das arabische Wort für Ismael.

Isra: Isra ist das arabische Wort für die Nachtreise vom Propheten Muhammad.

Israeliten: Jakob hatte zwölf Söhne. Diese heirateten und gründeten Familien. Die Menschen von diesen Familien heirateten wieder und hatten neue Familien. So ging das immer weiter, bis ein großes Volk daraus wurde. Dieses Volk nennt man Israeliten.

Jesus: Jesus ist das deutsche Wort für Isa.

JHWH: JHWH ist der Name von Gott im Alten Testament. Der Name besteht aus vier Buchstaben und wird so ausgesprochen: Jahwe. Jüdische Menschen sprechen den Namen nicht laut aus.

Jona: Jona ist das deutsche Wort für Yunus.

Josef: Josef ist das deutsche Wort für Yusuf.

Jude/jüdisch: Ein Jude ist ein Mensch mit jüdischem Glauben. Er gehört zum Judentum.

Jünger, Jüngerin: Ein Jünger oder eine Jüngerin ist ein Anhänger oder eine Anhängerin von Jesus. Sie sind so etwas wie ein erwachsener Schüler oder eine erwachsene Schülerin von Jesus.

Jüngstes Gericht: Das Jüngste Gericht wird auch der Jüngste Tag genannt. Dann bewertet Gott den Menschen und wie er sein Leben gelebt hat ein letztes Mal.

Kabil: Kabil ist das arabische Wort für Kain.

Kain: Kain ist das deutsche Wort für Kabil.

Karawane: Eine Karawane ist eine Gruppe von Menschen, die zusammen einen längeren Weg unterwegs sind. Meist haben sie Tiere dabei, die die schweren Sachen getragen haben.

Khadidja: Khadidja ist eine von den ersten Anhängerinnen im Islam. Sie ist die Ehefrau von Muhammad.

majestätisch: Allah regiert wie ein König.

Manna: Manna ist ein süßes Essen. Gott gab es den Israeliten, als sie durch die Wüste wanderten. Jeden Morgen fiel es vom Himmel.

Maria: Maria ist das deutsche Wort für Maryam.

Maryam: Maryam ist das arabische Wort für Maria.

Mekka: Mekka ist die heiligste Stadt im Islam. Sie liegt heute in Saudi-Arabien. Mekka ist der Geburtsort von Muhammad.

Medina: Medina ist eine Stadt in Saudi-Arabien. Der Prophet Muhammad wanderte mit seinen Anhängern im Jahre 622 nach Medina aus. Medina ist nach Mekka die zweitwichtigste heilige Stadt im Islam. Hier befindet sich das Grab von Muhammad.

Messias: Jesus wird Messias genannt. Messias kommt eigentlich von dem hebräischen Wort

Maschiach. Messias bedeutet, dass Gott jemanden zum König macht. Dazu wird ihm Öl über den Kopf gegossen. Jesus war also so etwas wie ein König. Jesus wird auch Christus genannt. Das bedeutet das Gleiche.

Midian: Midian ist ein Gebiet, das östlich von Ägypten liegt. Mose ist dorthin geflohen, nachdem er einen Ägypter getötet hatte.

Miradsch: Miradsch ist das arabische Wort für Aufstieg und Leiter. Es bezeichnet die Himmelfahrt vom Propheten Muhammad.

Mohammed: Mohammed ist eine andere Schreibweise von Muhammad.

Mondkalender: Der Mondkalender ist der islamische Kalender. Der islamische Mondkalender hat 12 Monate mit 354 oder 355 Tagen. Das sind 10 oder 11 Tage weniger als im Sonnenjahr.
Der Kalender von den Christen richtet sich nach dem Sonnenjahr.

Moschee: Schaut die Erklärung beim Wort Heilige Moschee nach.

Mose: Mose ist das deutsche Wort für Musa.

Muhammad: Muhammad ist der letzte Prophet im Islam.

Musa: Musa ist das arabische Wort für Moses. Er ist der Bruder von Harun.

Muslim: Muslim war ein bedeutender islamischer Lehrer. Er hat auch viele wichtige Hadithe gesammelt.

Myrrhe: Myrrhe ist eine Pflanze. Sie wächst in Afrika und Arabien. Man kann aus ihr ein Öl zum Einreiben herstellen.

Neues Testament: Neues Testament nennt man den zweiten Teil von der Bibel. Darin sind Geschichten und Texte über Jesus und seine Freunde und Freundinnen und über die ersten christlichen Gemeinden.

Noah: Noah ist das deutsche Wort für Nuh.

Nuh: Nuh ist das arabische Wort für Noah.

offenbaren: Gott sagt oder zeigt den Menschen etwas.

Offenbarung: Offenbarung bedeutet, dass Gott den Menschen etwas sagt und zeigt.

opfern/Opfer: Menschen schenken Gott etwas, um ihm zu danken oder ihn um etwas zu bitten.

Passahfest, Passah: Am Passahfest erinnern sich die Jüdinnen und Juden noch heute an ihre Rettung durch Gott vor über 2500 Jahren.

Paradies: In der Bibel und im Koran ist das Paradies der Ort, wo Adam und Eva gelebt haben. Es heißt auch Garten Eden. Daneben ist das Paradies für Musliminnen und Muslime ein Ort, an dem man nach seinem Tod friedlich leben kann.

Pharao: Der Pharao ist ein ägyptischer König.

Pharisäer: Pharisäer waren sehr fromme Juden, die zur Zeit von Jesus gelebt haben. Sie haben Gottes Gebote sehr streng befolgt.

Pilgerfahrt: Pilgerfahrt heißt auf Arabisch Haddsch. Sie ist eine von den fünf Säulen im Islam. Musliminnen und Muslime sollen einmal in ihrem Leben die Pilgerfahrt nach Mekka durchführen.

Plagen: Katastrophen.

Priester: Ein Priester ist ein frommer Mann, der im Tempel arbeitet.

Propheten und Prophetinnen: Propheten und Prophetinnen sind Menschen, denen Gott eine Aufgabe gegeben hat. Sie sollen davon erzählen, was Gott will. Im Islam wird Muhammad häufig nur „der Prophet" genannt.

Psalm: Psalmen sind Gebete und Lieder in der Bibel.

Ramadan: Im Monat Ramadan fasten Musliminnen und Muslime von Sonnenaufgang bis Sonnenuntergang.

Rechtleitung: Rechtleitung bedeutet im Islam, dass man die Gebote von Gott im Leben befolgt. Sie sollen für das eigene Leben und für alle Gläubigen gelten.

Reich von Gott/Reich Gottes: Im Reich Gottes gilt der Wille von Gott. Dort herrschen Frieden und Gerechtigkeit. Alle Menschen werden satt. Niemand muss traurig sein. Für die Christinnen und Christen beginnt diese Zeit mit Jesus.

rein: In manchen Religionen gibt es den Unterschied von rein und unrein. Etwas, das rein ist, ist erlaubt. Etwas, das unrein ist, ist verboten. Der Islam kennt reine und unreine Speisen. Das gibt es im Christentum nicht.

Rezitation/rezitieren: Die Rezitation im Islam meint das schöne und feierliche Vorlesen oder Vortragen vom Koran.

Sabbat: Sabbat ist das jüdische Wort für Samstag. Der Sabbat ist der heilige Ruhetag für Jüdinnen und Juden. Denn an diesem Tag ruhte auch Gott, nachdem er die Welt in sechs Tagen geschaffen hatte.

Sakrament: Ein Sakrament ist eine Handlung, durch die Gott den Menschen sehr nahe ist. Die Taufe ist zum Beispiel ein Sakrament. Sakramente kommen häufig im Gottesdienst vor. Die evangelische Kirche hat zwei Sakramente. Die katholische Kirche hat sieben Sakramente.

Sauerteig: Sauerteig ist ein sauer gewordener Teig. Damit wird Brot gebacken.

Schilf: Schilf ist so etwas wie hohes Gras. Es wächst in feuchten Gebieten und am Ufer von Seen.

Schöpfung: Die Schöpfung ist die Welt, die von Gott geschaffen ist.

Schreib-Engel: Schreib-Engel gibt es nur im Islam. Diese Engel schreiben die guten und schlechten Taten von den Menschen auf.

Schrift: Die Schrift ist der Name für das Heilige Buch der Juden, das Alte Testament. Es wird auch Tanach genannt. Im Neuen Testament wird oft auf „die Schrift" hingewiesen.

Schriftgelehrte: Schriftgelehrte sind Menschen, die sich mit der Heiligen Schrift von den Juden gut auskennen.

Seele: Die Seele ist ein Teil des Menschen. Jeder Mensch hat eine Seele. Man kann sie aber nicht sehen und nicht anfassen.

Segen von Gott: Mit dem Segen von Gott ist gemeint, dass Gott dem Menschen nahe ist, dass er ihn beschützt und ihm Kraft gibt. Man sagt auch: Gott segnet einen Menschen.

Segen von Menschen: Ein Mensch sagt damit einem anderen Menschen, dass Gott diesem Menschen ganz nahe ist, ihn beschützt und ihm Kraft gibt.

selig: Jemandem geht es sehr gut. Er ist sehr glücklich.

Siegel der Propheten: Der Prophet Muhammad gilt im Islam als der letzte Prophet. Nach ihm kommt kein weiterer Prophet. Deshalb nennen Musliminnen und Muslime Muhammad auch „das Siegel der Propheten". Dieser Begriff kommt im Koran vor. Mit einem Siegel schließt man eine Sache ab. Sie ist dann endgültig beendet.

Sinai: Der Sinai ist ein Berg in der Nähe von Ägypten. Dort hat Mose von Gott die zehn Gebote erhalten. Der Berg Sinai wird auch Horeb genannt.

Sintflut: Die Sintflut ist eine große Überschwemmung. Sie kommt in der Geschichte über Noah/ Nuh im Alten Testament vor.

Sklaverei, Sklave/Sklavin: Sklaverei bedeutet, dass Menschen anderen Menschen gehören und diese mit ihnen machen können, was sie wollen.

stillen: Stillen bedeutet, ein kleines Baby an der Brust von der Mutter trinken zu lassen.

Sünder: Ein Sünder ist jemand, der sich nicht an die Gebote von Gott hält.

Sünde: Sünde ist, wenn ein Mensch von Gott getrennt lebt und wenn er sich nicht an die Regeln und Gebote von Gott hält.

Sunna: Die Sunna beschreibt, wie Muhammad gelebt hat. Sie ist in den Hadithen (Überlieferungen) beschrieben. Für die Musliminnen und Muslime ist die Sunna sehr wichtig.

Sure: Die Sure ist so etwas wie ein Kapitel im Koran. Im Koran gibt es 114 Suren.

Synagoge: Die Synagoge ist ein Gebäude, in dem Juden beten und ihre Gottesdienste feiern.

Taif: Taif ist eine Stadt in Saudi-Arabien. Muhammad ging 620 nach Taif. Er wollte dort die Menschen zum Islam einladen. Die Menschen lehnten seine Einladung aber ab.

Tanach: Der Tanach ist das heilige Buch der Juden. In ihm gibt es drei große Abschnitte. Im ersten Abschnitt sind die fünf Bücher Mose. Sie heißen Torah. Im zweiten Abschnitt stehen die Bücher der Propheten (Neviim). Und im dritten Abschnitt gibt es die Schriften (Ketuvim).

Täufling: Ein Mensch, der getauft wird.

Taufe: Durch die Taufe wird man Mitglied in der Kirche. Sie ist ein Zeichen dafür, dass ein Mensch zu Gott gehört. Die Taufe ist ein Sakrament.

Tempel: Der Tempel ist ein Gebäude in Jerusalem. Zur Zeit von Jesus haben die Juden dort ihre Gottesdienste gefeiert. Der Tempel wurde im 1. Jahrhundert nach Christus zerstört. Es blieb nur eine Mauer von ihm übrig: die Klagemauer.

Tempelberg: Der Tempelberg ist ein kleiner Berg in Jerusalem. Er ist für drei Religionen sehr wichtig: für das Judentum, für das Christentum und für den Islam.

Thora: Thora ist der Name für die fünf Bücher Mose im Alten Testament.

Tirmidhi: Tirmidhi war ein bedeutender islamischer Lehrer. Er hat viele wichtige Hadithe gesammelt.

Überlieferung: Überlieferungen sind Geschichten, die seit ganz vielen Jahren erzählt werden. Im Islam sind es Geschichten über Muhammad. Es sind Geschichten über das, was Muhammad gesagt und getan hat. Diese Geschichten heißen auch Hadithe.

ungesäuertes Brot: Brot, das nur mit Wasser und Mehl hergestellt wird.

unheilig: Fern von Gott.

unrein: Schaut die Erklärung beim Wort „rein“ im Glossar nach.

Vergebung: Vergebung bedeutet Verzeihung.

verfluchen: Jemandem etwas Böses wünschen.

Verwalter: Ein Verwalter ist jemand, der sich im Auftrag von einem anderen um bestimmte Aufgaben kümmert.

Vorherbestimmung: Etwas wurde vorher entschieden oder vorher festgelegt.

Wachteln: Wachteln sind kleine Vögel.

wahrhaftig: Wenn jemand wahrhaftig ist, ist er ehrlich und gut. Er will Gutes für jemanden tun und er lügt nicht.

Waraqa: Waraqa war ein Priester. Er war einer der ersten Menschen, die an die Botschaft von Muhammad glaubten.

Weihrauch: Weihrauch ist eine Pflanze. Wenn man sie verbrennt, entstehen Rauch und besondere Düfte. Weihrauch wird oft im katholischen Gottesdienst verwendet.

weise: Weise zu sein bedeutet klug zu sein.

Weise aus dem Morgenland: Die Weisen aus dem Morgenland sind drei Menschen. Sie werden auch die Heiligen drei Könige genannt. Sie spielen in einer von den Weihnachtsgeschichten eine große Rolle: Sie bringen Jesus Geschenke, nachdem er gerade geboren war. Wer die drei Weisen genau waren, weiß man nicht. Vielleicht waren es Menschen, die Sternbilder erklären konnten.

Weisheit: Das Wort Weisheit kommt im Koran zusammen mit Schrift und Propheten vor. Mit den drei Wörtern sind die drei Teile der jüdischen Heiligen Schrift gemeint. Schaut auch die Erklärung für das Wort „Tanach“ im Glossar nach.

Yunus: Yunus ist das arabische Wort für Jona.

Yusuf: Yusuf ist das arabische Wort für Josef.

Zakat: Zakat ist das arabische Wort für die Abgabe vom Besitz. Sie ist eine von den fünf Säulen im Islam. Die Zakat bekommen Menschen, denen es nicht so gut geht.

Zamzam: Zamzam ist der Name von einem Wasserbrunnen in Mekka.

Zeuge: Jemand, der etwas erlebt, gesehen oder gehört hat.

Zoll: Geld, das man bezahlen muss, wenn man Sachen über eine Grenze bringt.

Zöllner: Ein Beruf, bei dem man Geld für den Herrscher oder das Land kassiert.

Verzeichnis der Bibelstellen und Koransuren

Im Folgenden findest du eine Übersicht über alle Bibelstellen und Koransuren, die in diesem Lesebuch ganz oder teilweise nacherzählt werden.

Altes Testament

Neues Testament

Koran

Danksagung

Die Autorinnen und der Verlag danken den Kindern der Jahrgänge 1 bis 4 in katholischer und evangelischer Religion und den Kindern des islamischen Religionsunterrichts, den Klassen 1 und 2 im Schuljahr 2016/2017 der Schule an den Linden in Urberach sowie Herrn Leonard Morgenroth für die schönen und originellen Schnipsel-Bilder. Sie bildeten die Grundlage für die Illustrationen des Lesebuchs.

Das Buch wurde gedruckt mit freundlicher Unterstützung der Calwer Verlag-Stiftung.

Bildnachweis

Hintergrundmotiv Umschlag und Seite 1: visnezh/Freepik.com Licence. – Seite 8: © akg-images/CDA/Guillemot. – Seite 9: © akg-images/Jean-Louis Nou. – Seite 12: Foto © Rainer E. Rühl. – Seite 13: © mauritius images/Photononstop/P Deliss. – Seite 14: © epd-bild/Jens Schulze. – Seite 15: Foto © Esma Öger-Tunc. – Seite 16: Foto © Peter Kristen. – Seite 17: Foto © Esma Öger-Tunc. – Seite 39: Font Besmellah © by Mojtaba Kia. – Seite 135: © Islamische Kalligraphie aus dem Koran Sure Al-Nas 114 – Stockillustration/depositphotos.com. – Randleisten: Rainer E. Rühl unter Verwendung von Vektorgrafiken, designed by GarryKillian/Freepik.com

ISBN 978-3-7668-4487-3
2. Auflage 2023

Layout, Umschlag und Satz: Rainer E. Rühl, Alsheim
Druck und Verarbeitung: AZ Druck und Datentechnik, Kempten
www.calwer.com